アベノミクスと地方創生

日本経済のターニング・ポイント

大矢野栄次［著］

創成社

イラスト：平沢弘明

プロローグ

この本のプロローグを書こうとしていた頃に、石原慎太郎氏の『天才』(幻冬舎２０１６年1月)という書を手にした。「田中角栄元総理大臣は天才であった」という趣旨の本であるらしい。３月末の台湾への海外出張の際に飛行機の中で読み終えた。

数年前に、久留米の鳩山邦夫事務所で元田中角栄首相の秘書でもあった鳩山邦夫代議士に、「田中角栄首相の列島改造論は日本経済の発展のためには正しい政策であったのです。今からでもやるべき政策だと思います」と話したことがある。ただし、「物流新幹線で行うべきである。本書の第5章の「物流新幹線構想」と第6章の「経済成長戦略としての物流新幹線構想」とにおいて説明した内容である。そうすれば、新潟県や富山県、石川県、あるいは、島根県や鳥取県等の裏日本に企業や工場が移動して、東京や大阪からUターンやJターンがおきて、この地方の人口が増加することによって、田中角栄首相が夢見た『裏日本から表日本になる』ことも可能なのである」と説明したことがある。

今日、日本中に空港が99もあるのは、やはり、田中角栄氏の業績であるだろうが、物流新幹線網の全国ネットワークが完成した際には、その地方空港の多くが不要になるであろう。空港の多くはすでに赤字空港であり、新幹線網の構築によって、赤字空港はさらに増加するからである。この空港跡地こそが工場群や新しい工業団地や住宅地建設の用地になるのである。

地方創生というかけ声だけのアベノミクスと異なって、田中角栄氏の列島改造論は具体的な政策となるのである。石原慎太郎氏のいう「天才」とはこの部分なのだろうかと考えた。

このプロローグを台湾の台南市内のホテルで書きながら、田中角栄氏が台湾を捨てて中国との国交を樹立したことについて考えた。この時、台湾との交易利益を捨てて、中国との交易利益を求めたのであろうかと考えた。台湾との情を捨てて、中国との利を求めたのであろうかと考えた。

私は「台湾と大陸とは2つの独立した特殊な関係である」という李登輝元中華民国総統の主張を支持している。それは、民度の差異からみても顕著である。この2つの国民が同一の国の民であると説明するのは歴史的にも心情的にも不可能である。

李登輝氏は「台湾人は、中国人が、日本植民地支配によって進化した人々である」と説明されたことがある。最近の中国人旅行客を日本や台湾において間近に見ながら、まさに、そうであると考える気持ちがさらに強くなっているのは私だけではないであろう。

国民の文化的水準を比較してみると、両国の国民はあまりにも異質なのである。タイ人にもラオス人にもこのような感覚を感じたことはないほどの違和感である。

田中角栄氏は、北京で「国交正常化により日台の外交関係が切れた後の現実的な関係については、やることとやらないことのけじめをはっきりつけて処理したい」（前掲書、p.96）と周恩来首席に説明し了解を得ている。日本は中国とも台湾とも同時に、それぞれ独立した関係として、政治的にも経済的にも付き合うことは可能なのである。もし蒋介石元総統が国連からの脱退を決意しなければ、十分に実現可能であった三国関係であったはずである。この意味で田中角栄氏は天才であったのであろうかと、再び考えた。

田中角栄氏が目指したのは、「日本のアメリカからの独立」であった。

独立とは、政治的、経済的には当然であるが、軍事的にも独立でなければならないのである。しかし、彼以来の総理大臣は、その地位に就くのが政治家としての最終目的であり、日本の全体や日本の将来を考えるために命をかけた総理大臣は、戦後、未だに出ていないのが事実であり、我々日本人の不幸である。

田中角栄氏が考えたアメリカからの独立で、アメリカにとって最も危険な考えが、実はエネルギーの問題であった。田中角栄の日本独自のエネルギー資源政策がアメリカの虎の尾を踏んだのである。ロッキード事件というアメリカによって仕組まれ、アメリカのいわれるままになった日本の司法によって裁かれた田中角栄氏の無罪は、当時から国民の多くが薄々気付いていたのではないだろうか。

本書の題名は、『アベノミクスと地方創生』である。本書の目的は「アベノミクスの評価」と「日本経済の将来のための政策を考える」ことである。その目的は、日本経済の国際化のための国内の経済政策の在り方とグローバリズムの世界で生き残るための日本経済の国際戦略を考えることである。その政策のヒントに田中角栄元総理大臣の「日本経済のアメリカ経済からの独立」があるのである。

日本経済と日本人の将来を決定する要因は東南アジアにある。かつて、われわれの父祖たちがまがりなりにも夢想した、「アジアの解放」がこれからも日本の役割である。今度は台湾人という世界一日本を理解しようとしている仲間がいるのである。大陸ともうまくやりながら、東南アジアの発展に貢献するのが日本と日本人の将来像であるはずなのである。

なお、本書の第8章「TPPと自由貿易」は、長崎県立大学国際経営学部矢野生子教授の執筆である。また、本書の各章の扉の挿絵は平沢弘明氏である。

本書の作成にあたっては、企画・編集について創成社の西田徹氏に大変お世話になった。

平成28年4月6日

久留米大学教授　大矢野栄次

目次

第3章

第4章

第1章
アベノミクスの経済政策と日本経済の現状

1 アベノミクス

アベノミクスとは、「日本経済は長期のデフレ状態にある」という認識のもとで、このデフレ経済から脱却し、2013年末までの1年間以内に、名目経済成長率3％、実質経済成長率1％（インフレ率2％）を目指すという安倍政権の約束であった。この経済政策の目標を達成するための政策手段として安倍晋三首相は「3本の矢」を発表した。第1の矢とは「大胆な金融緩和」であり、第2の矢は「機動的な財政出動」であった。そして、第3の矢は「成長戦略」であった。

第1の矢の目的は、デフレ経済からの脱却のための「インフレ政策」を実現するために中央銀行としての日本銀行が実施する「金融緩和政策」であり、インフレ政策によって日本経済が正常化するという考え方に基づいていた。第2の矢の目的は、有効需要拡大のための積極的財政政策と法人税減税政策による景気刺激政策であった。そして、環太平洋経済連携協定（TPP）への参加を前提とした国内経済の対応策と東日本大震災からの復興促進と防災体制の強化を軸とした公共事業重視型の経済政策であった。そのためには老朽化した道路や橋などの社会資本の再構築・修復や学校等の耐震補強などが対象とされた『日本強靭化計画』であった。

国内経済の成長戦略のためには、企業による積極的な国内投資の増加が必要であるが、その兆候は見られず、アベノミクス発動から3年以上経った今日の時点でも、その成果は得られていないのである。

アベノミクスの成果は、円高是正と円安誘導によって生じた、外国人投資家の日本株買いによって生じる東京株式価格の乱高下だけであった。1ドル＝79円の為替相場から一気に、1ドル＝120円前後の円安・ドル高(1)の為替相場への誘導政策であった。また、政策的な円安・ドル高を反映して外国人投資家による日本の株式市場への進出が定期的な株高(2)を演出して、国内投資家の目からは一喜一憂のもとで株価の乱高下が発生してきたのである(3)。今日の日本の株式市場は外国人投資家によって支配されコントロールされている株価変動であり、株価の変動に不慣れな日本の機関投資家の定期的な損失も、日本人の金融資産の海外への流出として続いているのである(4)。

1・1 アベノミクスの経済学と経済政策の問題

アベノミクスの金融政策の経済理論的根拠は、1．マネタリスト的なマクロ経済学であり、2．合理的期待仮説を背景としたマクロ経済政策である。しかも、アベノミクスの3．増税政策と公共事業拡大政策という「ポリシー・ミックス」はすでに失敗しているのである。このような矛盾する政策手段の組み合わせによる経済政策の失敗は、長期的には日本経済にとって痛手となるであろう。

このインフレ政策の無効性についての説明は、次の図1―1のようなフィリップス曲線と

図1—1　マネタリスト・合理的期待学派による説明

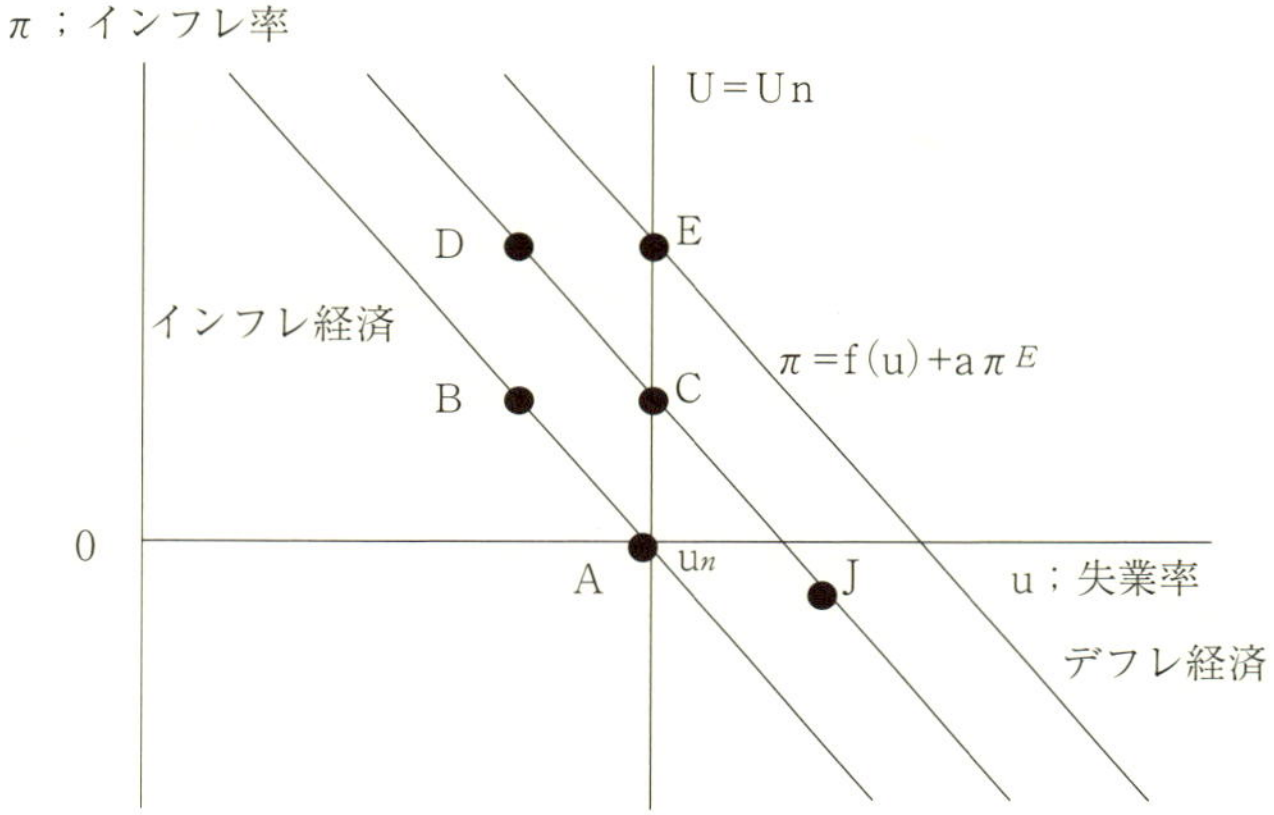

して説明される。ここで、π：インフレ率、π^E：インフレ期待、u：失業率、u_n：自然失業率、α：調整係数、f：失業率とインフレ率との関係を表す関数である。

$$\pi = f(u) + \alpha\pi^E \quad （1・1）$$

日本経済の現状において期待インフレ率はゼロであるから、$\pi^E = 0$である。

マクロ経済の長期均衡状態は、本来、インフレなき自然失業率の状態（点A；$u_n > 0$、$\pi = 0$）で推移するものである。このような経済状態においてケインズ的な積極財政政策によって失業率を低下させようとする有効需要拡大政策は経済状態を一時的点Bのような雇用状態に改善するものの、やがて財政赤字を背景として貨幣供給量を増加させ経済をインフレ状態に導くために、経済は点Cの状態に移動するのである。

このようなケインズ的政策は国民にインフレ経

験に基づいたインフレ期待（π^E）を生み出し、フィリップス曲線は上方にシフトするとマネタリストは説明するのである。継続的なケインズ政策による財政赤字政策は経済を点Dの状態に導き、一時的なケインズ政策の放棄は経済状態を点Eの状態に導くことが説明されるのである。このようにして、ケインズ政策は長期的には無効であるだけではなく、高いインフレ率の状態へと経済を導く結果となると批判されるのである。

アベノミクスの第1の矢の経済学

アベノミクスの第1の矢は、以上で説明したようなマネタリスト的な分析に基づいている。この経済学の本質はケインズ政策批判である。ケインズ経済学的な景気拡大政策は、結果的にはインフレ政策となって実物経済には無効であるという批判である。にもかかわらずアベノミクスでは、インフレ政策による実質経済への効果を強調する経済学なのである。すなわち、日本経済の現状を点Jの状態だと説明して、一時的な金融緩和政策によるインフレ政策によって、国民のインフレ期待を導くことによって日本経済を点Cの状態に導くことが可能であると説明しているのである。

景気が悪く雇用水準が低いという意味でのデフレ経済からの脱却のために、インフレ政策を採用するという政策は経済学的には有効ではない。なぜならば、図1―2のように、雇用水準が低い状態を表す「実際のデフレ経済状態」点J^Aとインフレ率が高い水準にある「インフレ経済」点Bとは対象的な現象ではないからである(5)。

図1—2　インフレ対デフレ
フィリップスカーブによる説明

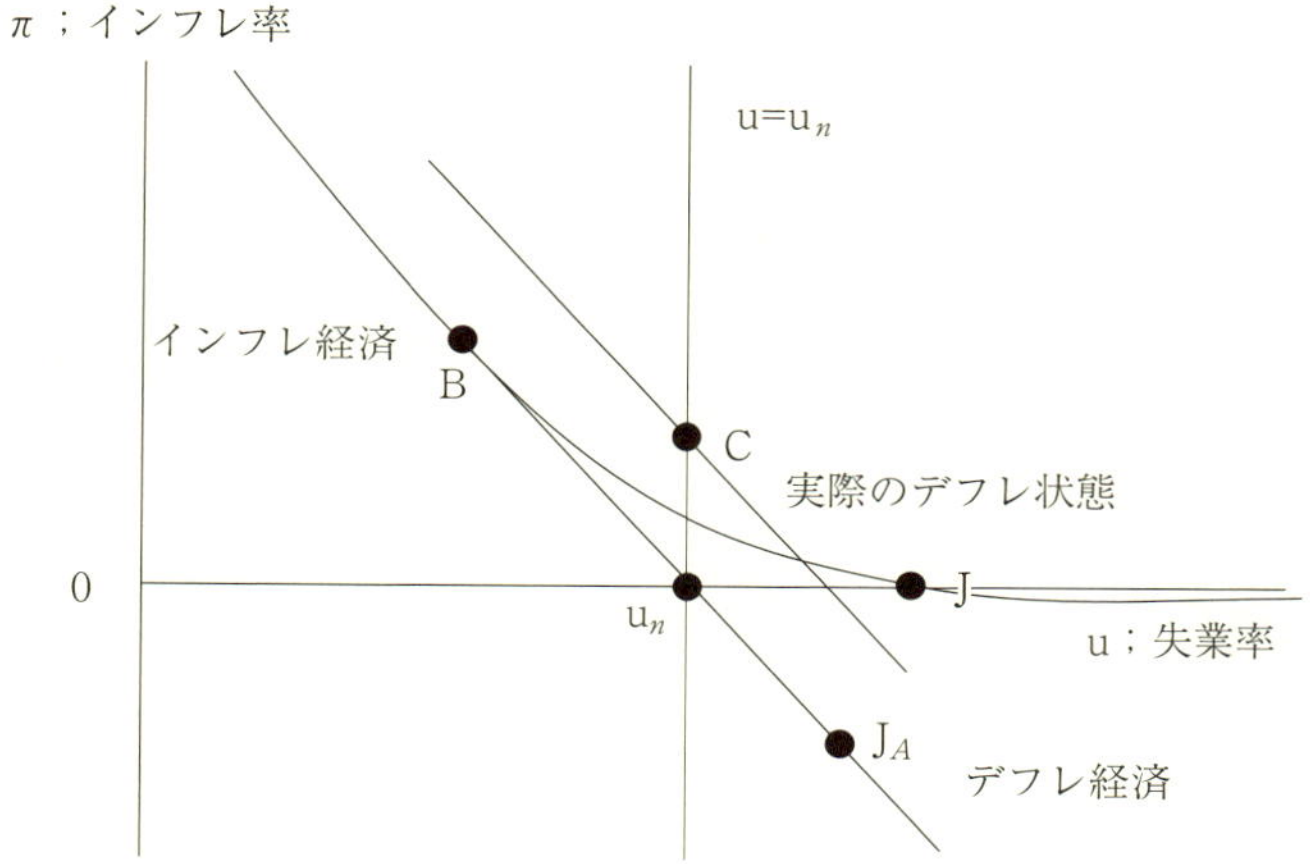

冷静なケインジアン

経済不況の状態とは過剰設備・遊休設備がある状態であり、景気の拡大とともに稼働率が上昇する過程において若干の物価上昇は生じるもののインフレ状態とはならないと考えるのがケインズ経済学であり、ケインズ政策である。財政赤字による有効需要の拡大政策はいささかの物価上昇を伴うもののインフレは生じないと説明されるのである。このことは、図1—1においては、点Jから点Aへの移行として、図1—2においては、点Jから点u_nへの移行として説明することができるのである。

1・2　インフレ対デフレ

日本経済は長期的に物価が下落するという意味での図1—2における点J_Aのような長期的デフレ状態にあるのではなく、失業率が慢性的に高い状態と、非正規社員の割合が増加して雇用構造が不健全であるという意味での点Jのような長期停滞状態としてのデフレ経済の状態にあったのである。

このような状態にある経済における景気刺激政策や経済成長戦略が実現するためには、企業の国内投資の活性化が必要であり、雇用の増加と失業者の減少を図り、非正規社員から正規雇用者への雇用条件の移動を図るべきなのである。そのための政策は、一般的な法人税減税ではなく(6)、国内投資についての設備投資減税を実現させることが有効なのである。

また、今日の日本経済の貿易構造においては、貿易収支の為替相場の変化に対する弾力性は低いために、円安・ドル高政策によって、日本経済の貿易収支が改善されることはなく、日本経済の有効需要を拡大することはないのである。現在進行中のクロダミクスによる円安・ドル高政策は、資源の効率的配分と所得の公正な分配が歪められることによって、日本の産業構造を歪め、長期的には経済成長能力を損なうことになるのである。

日本銀行による2年間の「大胆な金融政策」にもかかわらず、年率2％のインフレは発生せず、デフレ経済状態は改善されることはなかった。クロダミクスと呼ばれる日本銀行の「大胆な金融政策」と「異次元の金融緩和政策」は、その成果を上げることはなかったのである。しかも、財務省はアベノミクスの中でも最も不可解な政策として、政府の累積債務解消と少子化・高齢化対策のための政策として消費税を5％から8％に切り上げる「消費税切り上げ政策」を実施したのである。しかし、政府の累積債務解消のための政策としての「消費税切り上げ政策」は、政府の目的を実現する可能性は低いのである(7)。

2　ＢＩＳがデフレと経済成長率の関連性は低いと発表

平成27（２０１５）年3月18日、国際決済銀行（ＢＩＳ）は、「デフレと経済成長率の関連性は薄い」との見方を調査報告書で示した。「経済成長率は、資産価格デフレとの関連性のほうが強い」としている。すなわち、「38の経済を１８７０年までさかのぼって調査した結果、デフレは全期間の約18％で発生したことが明らかになったが、経済成長率が大きく低下したのは１９３０年代初頭に米国で起こった大恐慌の時だけだったという。デフレが債務問題の悪化につながったという証拠はない」とも指摘した。

このＢＩＳの調査報告書の結論は、アベノミクスをはじめ多くの中央銀行が利下げを正当化するために展開している「デフレが景気に深刻な打撃を与える」という見解に疑問を投げかけたことになるのである。また、この報告書では、「デフレが続いた日本経済について、人口の伸び悩みと急速な高齢化が経済成長の重石になったと分析。デフレと経済成長の関係を分析する際には、人口要因を考慮する必要がある」としているのである。

報告書によると、日本の実質国内総生産（ＧＤＰ）は人口１人当たりのベースでは、２０００—１３年の累計で10％成長。労働人口１人当たりでは累計20％の成長を記録したという。米国はそれぞれ約12％、約11％だった。

報告書は、デフレに対応して政策を運営する場合は、根底にある原因と政策の効果を理解することが不可欠だとしている。すなわち、アベノミクスとクロダミクスの政策の前提としての日本経済についての認識を変更する必要があるということになるのである。

ＢＩＳは調査によって、不動産市場をはじめとする資産価格の崩壊の悪影響のほうが大きいことが判明したと指摘している。ＢＩＳ調査責任者のヒュン・シン氏は「特に不動産価格の下落は、物価のデフレよりもはるかに規模の大きい生産の減少に関連づけられている」と説明。「史実に基づくと、大恐慌は例外で、そこに法則は見いだされない」とした。

社債をはじめとする債券市場については、銀行ディーラーの市場からの撤退が流動性の問題を引き起こす中、脆弱性の高まりを示す兆候があると警告している。

調査によると、ディーラーは資本をそれほど必要としない市場に一段と注目しており、米国等の主要市場でも、国債などでリスクを取ることに消極的になっているため、社債にも悪影響が及んでいるのである。

3　失業率と非正規社員・派遣社員

安倍首相は、アベノミクスの成果として失業率が低下したと主張する。図１―３でわかるように、事実、日本の失業率は２０１３年の４・02％から２０１４年の３・58％、２０１５年の３・51％と低下している。

しかし、平成20年度以来、正規社員数は減少し続けているのである。すなわち、正規社員

図1—3　日米の失業率比較

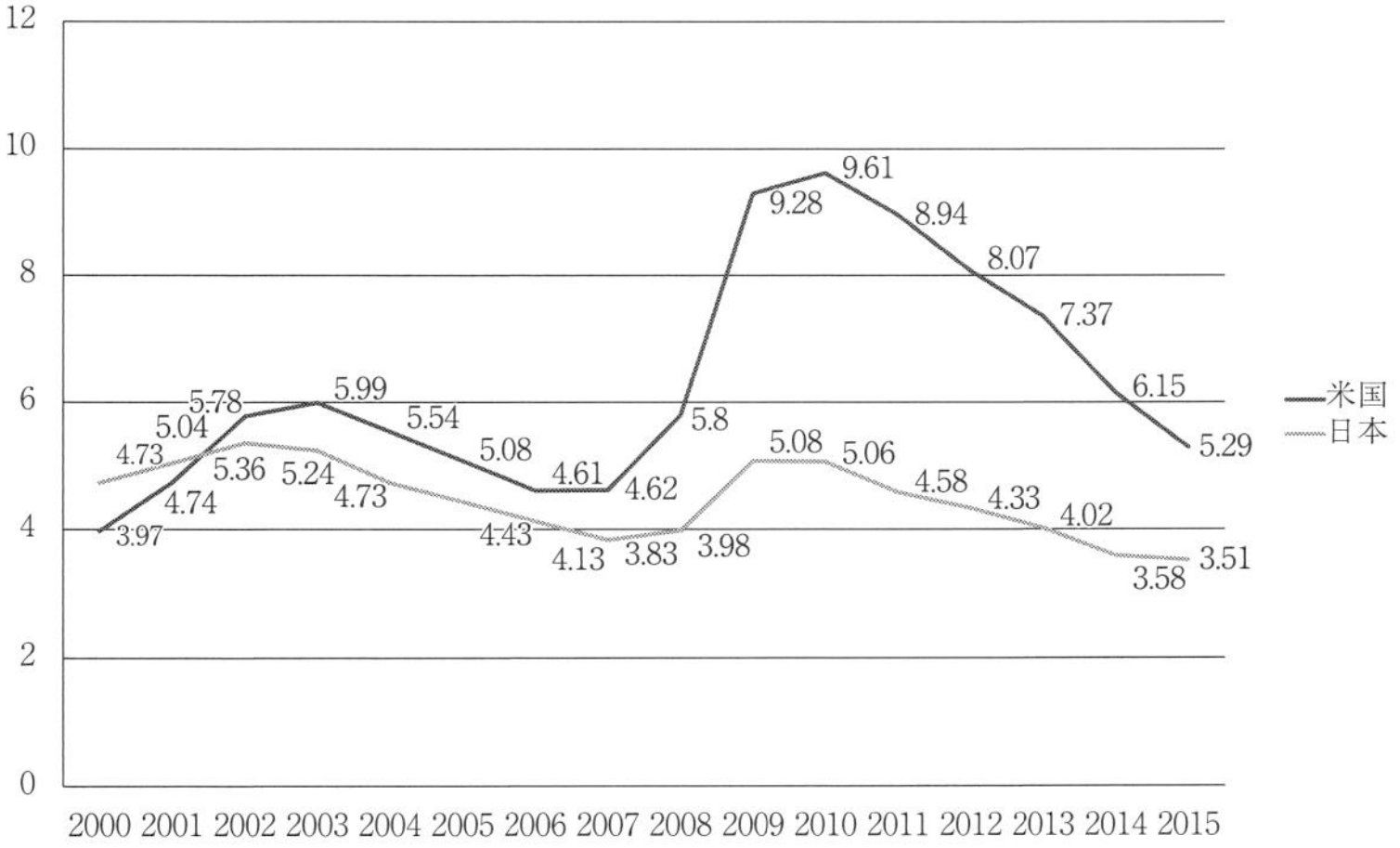

（出所）数値は，IMF による2015年10月時点の推計。

としての就業者数の水準は決して回復してはいないのである。正規社員数は平成25年3、294万人であり、平成26年は3、278万人と減少している。そして、それに逆行するように、非正規雇用労働者数は、平成5年から平成21年までの間、平成20年を除いて、増加し続けており、平成25年1、906万人、平成26年は1、962万人と増加しているのである。

　非正規社員の割合は、平成25年平均で、役員を除く雇用者全体の36・7％である。特に15～24歳の若年層で、平成5年から平成15年にかけて大きく上昇している。雇用形態別にみると、近年、パート、契約社員・嘱託が増加しているのである(8)。アベノミクスは労働市場においては、対処療法的な政策としても失敗

図１―４　日本の雇用者数（2002～2014年）（単位：万人）

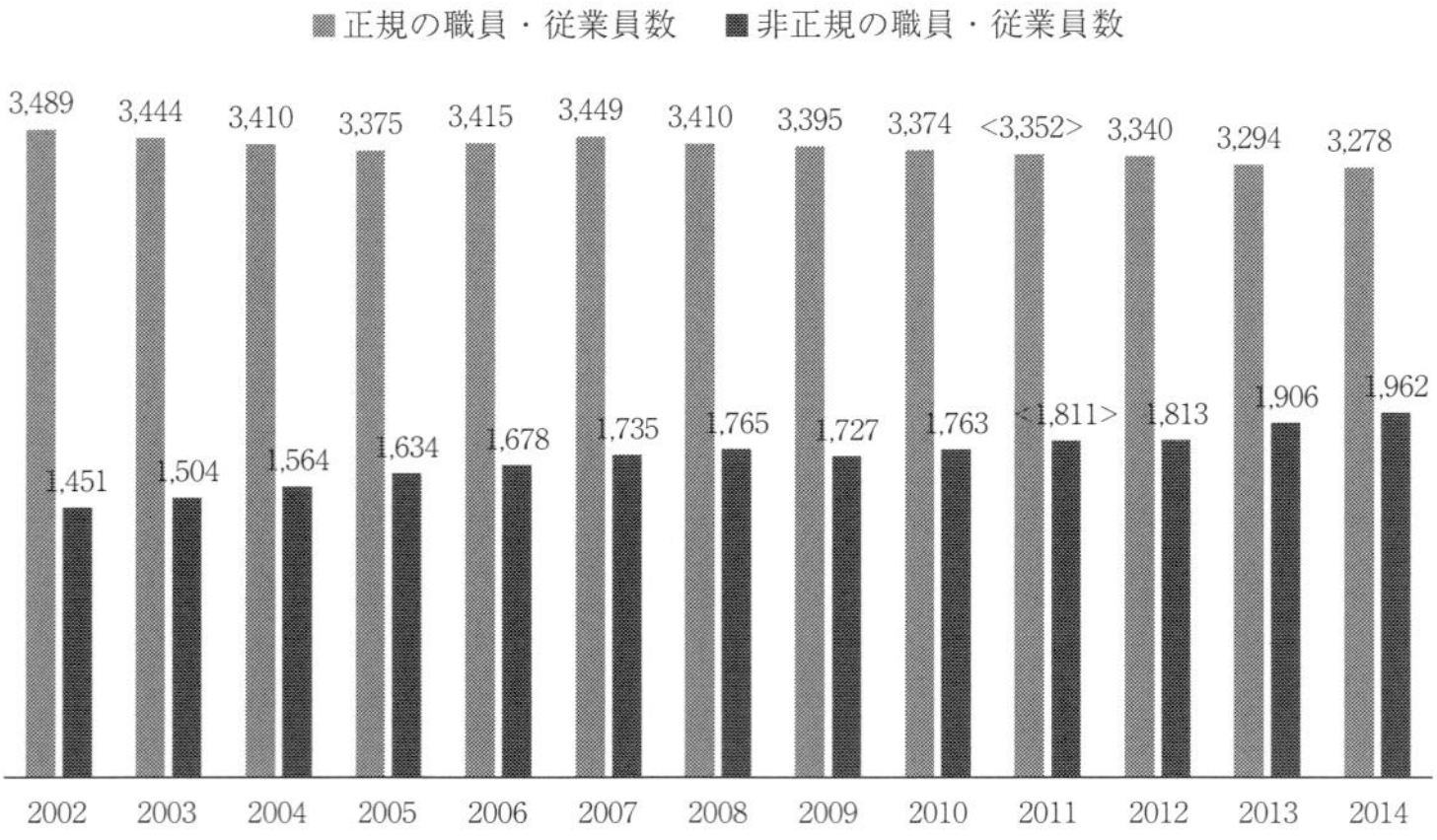

（出所）総務省統計局　2015年11月。

であった。なぜならば、非正規社員の問題を解決する政策が提示されていないからである。

失業問題を解決するということは、単純に考えると雇用量を増加させることであるが、今日の日本経済のように正規社員の減少と非正規社員の増加という所得格差拡大の問題を解決することがより重要な課題なのである(9)。

3・1　派遣法と所得格差

企業にとっては、派遣労働者（非正規社員）に教育訓練をすることはなく、派遣労働者（非正規社員）に配慮した安全な作業工程を整えることもなく、派遣労働者（非正規社員）の職場の不満に答える努力をすることもない。また、労働者側にとっても企業に愛社精神を持てず、企業の改善やイ

表１—１　正規・非正規，男女の年収格差

平成24年	正規	非正規	平均	年収差
平均	467.6万円	168.0万円	408万円	299.6万円
男性	520.5万円	225.5万円	502万円	295万円
女性	349.6万円	143.6万円	268万円	206万円

ノベーションの動機は持たず、業務に必要なスキルを本気で学ぶことはないのである。正社員にとっても周囲が派遣社員（非正規社員）ばかりの環境ならば、正社員に課せられる責任は今よりもっと過重になり負担が増加するのである。

表１―１は、平成24年の男女別・正規・非正規別の年収を表したものである。同じ仕事でも正規社員と非正規社員・派遣社員とでは賃金が2倍近くも違うのである。正規社員と非正規社員との年収格差は平均で２・78倍（＝４６７・６万円÷１６８・０万円）である。男性の場合の年収格差は２９５万円であり、２・31倍（＝５２０・５万円÷２２５・５万円）である。女性の場合の年収格差は２０６万円であり、２・43倍（＝３４９・６万円÷１４３・６万円）である。

安倍首相が説明する失業率の低下とは、正規社員数の減少以上に非正規社員数が増加したという意味であり、労働者の平均所得と労働者の所得額は減少しているという意味になるのである。

次の表１―２と図１―５は男性の正規・非正規賃金カーブを表したものである。非正規の30歳未満では年収が３００万円未満であり、ピークの50～54歳でも３２４・３万円である。正規・非正規間の所得格差は、20歳未満の１・23倍から50～54歳の２・18倍まで歳をとるに

表１—２　男性の正規・非正規賃金格差

年齢	〜19	20〜24	25〜29	30〜34	35〜39	40〜44	45〜49	50〜54	55〜59	60〜64
正規	245. 7	322. 3	406. 8	476. 2	543. 1	614. 4	685. 4	705. 4	664. 5	458. 9
非正規	200. 3	245. 8	281. 1	309. 9	314. 2	312. 5	322. 8	324. 3	317. 4	345. 5
格差率	1. 23	1. 31	1. 45	1. 54	1. 73	1. 97	2. 12	2. 18	2. 09	1. 33

図１—５　男性の正規・非正規賃金カーブ

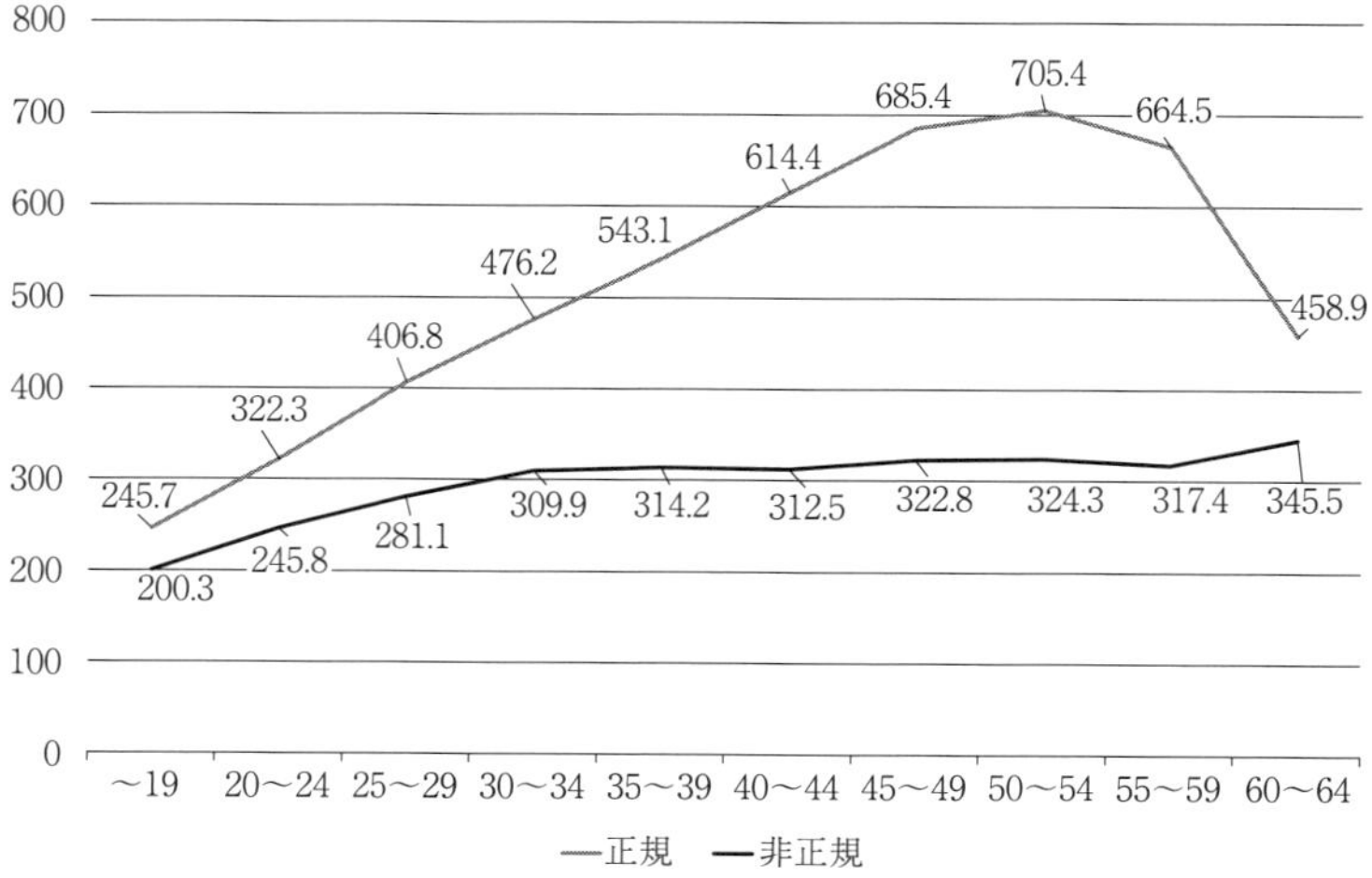

（出所）「賃金構造基本統計調査」より作成，平成24年。

つれて格差は上昇することが説明されるのである。

結婚するために男子の年収は300〜400万円を越す必要があるといわれる今日では、結婚できない男性の増加の原因が、この非正規社員の低所得であることは明白であり、結婚できない男性の増加が日本経済の少子化の本当の原因なのである。

この労働者間の所得格差は、小泉政権以来の「派遣法」の改悪によってなされた結果である。ここで派遣労働者の問題は「同一労働、同一賃金」という課題として、日本経済にとって重要な政策課題である。

3・2 派遣法の歴史

全労働者の3分の1が非正規社員となった日本経済においては、正規社員と非正規社員との間の賃金格差が拡大し、非正規社員という低賃金労働者の存在が正規社員の賃金下落の圧力となっているのである。この非正規社員の存在を許しているのは労働者派遣法である。

労働者派遣法は1985年（中曾根内閣）において成立。翌年1986年施行された。初期の派遣法は労働者保護の色彩が強く、直接雇用の労働者が派遣スタッフに置き換えられる可能性が少ない通訳などの専門的な13業務に限って派遣が認められた。その後、機械設計などを加えて特定16業種の人材派遣が認められたが、非常に限定的な解禁であった。派遣法施行後、日本経済はバブル景気の影響もあり人材派遣市場は拡大した(10)。

1996年（橋本内閣）において新たに10種の業種について派遣業種に追加されて合計26

業種が派遣の対象になった。企業からニーズの高かったオフィス業務（一般事務）のスタッフなどは派遣できないことから、一般事務をファイリングや事務用機器操作（ＯＡ事務）として派遣するといった折衷的な手法がとられた。

その後、日本の財界と米国の要求に応じて業種が拡大していった。また、規制緩和によって民間の活力を引き出すという当時の政府の誤った基本方針から、数次にわたって派遣業務の対象範囲が拡大され、派遣期間が延長された。

１９９０年代から２０００年代にかけて、バブル崩壊、金融危機、デフレの長期化という低成長期に直面すると、産業界からは直接雇用の人件費（固定費）を人材派遣の活用による変動費に置き換えたいというニーズが高まった。

１９９９年（小渕内閣）においては、製造業などを除き派遣業種の原則自由化（非派遣業種はあくまで例外）となった。この頃から人材派遣業者が増え始め、２０００年（森内閣）においては、紹介予定派遣の解禁、２００３年3月（小泉内閣）による労働者派遣法改正によって、例外扱いで禁止されていた製造業および医療業務への派遣が解禁された。また、専門的26業種は派遣期間が3年から無制限になった。それ以外の製造業を除いた業種では派遣期間の上限を1年から3年となった。

２００4年の小泉構造改革の規制緩和政策によって製造業までもが派遣労働の範囲となり、紹介予定派遣の受け入れ期間最長6カ月、事前面接解禁となった。

２００8年のリーマンショック以降、製造業を中心に派遣切りや雇い止め、人材派遣をめぐる違法行為などの発覚が相次いだ。安定した職につけない若者が、日雇い派遣で生計を立てながらネットカフェで寝泊まりするような若年層の貧困化や、ワーキングプアの存在などが急激に社会問題化した。このようにして、労働者の雇用を守るための労働者派遣法は、企業の費用削減による収益を守るための労働者派遣法に変質していったのである。

途中、鳩山政権において派遣法改正の動きがあった（1、製造業への派遣を原則禁止（仕事がなくても給料がもらえる常用型を除く）、2、日雇派遣、2か月以下の労働者派遣を禁止、3、仕事がある時だけ雇用契約を結ぶ登録型派遣の原則禁止（専門26業種を除く））もののの、安倍政権において再び派遣法は強化されたのである。

このような若年層の貧困化という社会問題の原因に、人材派遣という労働者の雇用を守らない雇用慣行の劣悪化があるという議論が国会で高まり、2012年10月施行の改正派遣法において規制を強化する方向性が打ち出された。日雇い派遣の原則禁止、専ら派遣の規制強化、離職後1年以内の人材を派遣スタッフとして元の職場で働かせることの禁止などの労働者保護、直接雇用の促進などを目的とした改正が行われた。しかし、製造業への派遣の禁止や登録型派遣の禁止のような業界に大きい影響を与える改正は見送られた。

3・3　安倍政権と派遣法─労働政策の失敗と非正規社員の増加

今日の安倍政権においては、さらに安上がりで、いつでもクビにできる派遣社員を自由に活用することができるように、企業の立場からみて、「日本は世界で一番ビジネスがしやすい国」になるための派遣法改正が議論されているのである。

この改正前の派遣法においては、事務や営業などに携わる「一般労働者派遣」と、情報システム開発などの専門知識が求められる人材派遣が主体の「特定労働者派遣」が区別されており、一般派遣は同じ現場への派遣期間が最長3年までと規定されていたが、特定派遣には期間制限がなかった。しかし、改正派遣法では一般と特定ともに「同じ職場で働ける期間が上限3年」となり、期間終了後は、派遣先が直接雇用する、派遣会社が次の派遣先を紹介する、派遣元が無期雇用するなどの措置が取られることになるのである(11)。

現在の派遣法においては、派遣の状態が3年を超える場合は、派遣契約を解消し、企業が直接雇用しなければならない。しかし、改正案では、「人」に対してだけ規制がかけられることになり、人さえ替えれば、企業は何年でも派遣を受け入れ続けることができるために、個々の派遣社員は「自動的に3年」で配置換えということになるのである。「派遣元と派遣社員が期限の定めのない契約(無期契約)を結んだ場合」。つまり、「一生涯派遣のまま」の派遣労働者が同じ職場の同じ仕事で働き続けることになるのである。

【注】

(1) 長期的な円高趨勢が、2011年の「3・11」以降、円安傾向に振れていたが、安倍政権発足以前から円安傾向は始まっていた。

(2)安倍政権発足以前に株価上昇は始まっていた。当初の株価上昇はアベノミクスの効果ではなく、株価変動の範囲内の動向でしかなかったのである。

(3)外国人投資家が購入すれば株高、外国人投資家が売り逃げれば株安という株価の変動は国内の投資家から見れば、理にあわない一喜一憂の株価の変動に見えるのである。

(4)特に、年金積立金の資産価値の減少の主因であると考えられている。

(5)この政府の誤解は、インフレ状態とデフレ状態を対象的な存在として政府が定義していることから発生しているのである。

(6)法人税減税は企業の海外投資を拡大する要因となりうることに注意しなければならないのである。

(7)消費税増税による累積債務解消という解決策は、あまりにも稚拙な的外れの政策であるからである。消費税増税によるよりも法人税・所得税の増税による国債償還政策の方が現実的である。あるいは、国債という政府の負債を債権化することによって償還が実現される方法を選択すべきであるかもしれない。

(8)厚生労働省のホームページ「正規雇用と非正規雇用労働者の推移」より。

(9)労働市場における雇用のミスマッチが原因であるとするならば、現代経済学・新古典派経済学における「労働の同質性の仮定」に基づく分析に限界があるということである。

(10)1989年12月29日、日経平均株価が3万8、915円という高値をつけた。この日は後に〝バブル絶頂の時〟といわれることになった。

(11)この改正は、派遣会社にとっては、派遣社員に対するキャリアアップに寄与する仕組みが必要となることから短期的にはコスト増となる。また、派遣社員のさらなる雇用安定施策や財務体質の強化と競争力強化に向けたマッチング精度の向上などの業務プロセス全般の大幅な見直しが必要となるからである。

第2章
第1の矢（大胆な金融政策）の成果と評価

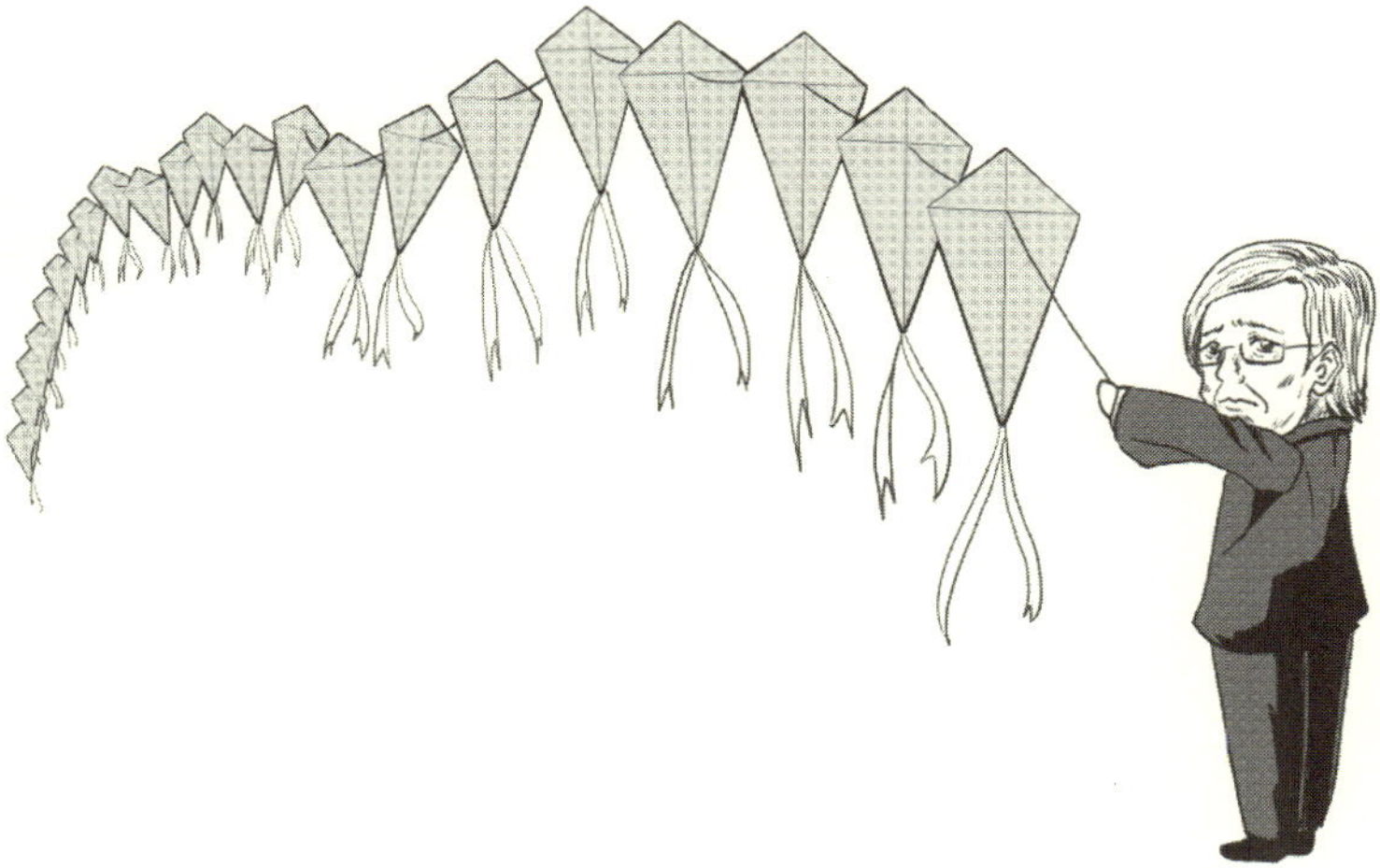

1　デフレ対策としての第1の矢の経済効果

アベノミクスとは、「デフレ対策」を優先する政策である。しかし、「デフレ」の反対は「インフレ」ではない。それにもかかわらず、「デフレ対策」のための経済政策手段は、「インフレ政策」であると誤解した政策がアベノミクスとクロダノミクスの特徴である。

図2―1　第1の矢の経済効果

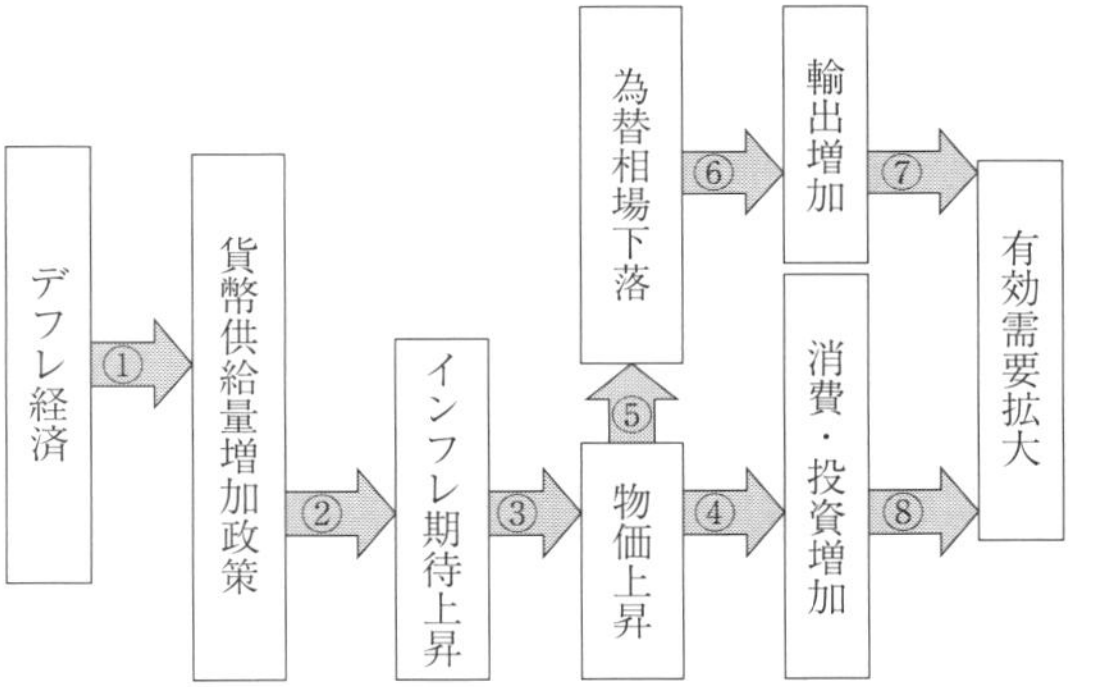

1・1　アベノミクスの経済学

誤解の原因は、デフレの原因は、「通貨供給量の不足」にあると考える現代のアメリカ流の経済学にある。このような経済学に基づく経済政策の関係は、次の図2―1のような政策の波及過程として説明される。

「経済に不足している①貨幣供給量を増加させる金融政策を実施すると、②国民の間にインフレ期待が上昇するために、③物価が上昇し、インフレ期待によって貨幣価値の下落を回避するために、④消費が増加する、と同時に、予想実質金利が下落するために設備投資を増加させて景気が良くなり、また、同時に物価上昇によって⑤為替相場が下落して、⑥国内企業の輸出が増加するために、国内の消費と投資の増加とあいまって、⑦・⑧有効需要が増加するために、経済のデフレ状態が解消されるために、インフレ状態の発生とともに景気回復がもたらされる」というのである。すなわち、インフレ政策によってデフレ経済が解消されるという経済政策が「第1の矢：金融緩和政策」である。

1・2　第1の矢の経済理論

以上の経済政策の波及過程を説明する経済理論として、次のようなモデルが説明される。ここで「インフレ需要曲線」はケインズ経済学の解説としてヒックスとハンセンによって工夫されたIS・LMモデルから派生した曲線である。また、「インフレ供給曲線」は、「フィリプス・カーブ」と「オークン法則」から派生した曲線である。

この連立方程式モデルによって、アベノミクス・クロダノミクスの基本的な考え方を次の（2―1）式と（2―2）式によって説明することができる。

【インフレ需要曲線】　$Y = Y_{-1} + \beta(m - \pi) + \pi_E + \gamma_g$　（2・1）

【インフレ需要曲線】　$\pi = \pi^E + \alpha(Y - Y_E)$　（2・2）

ここで、Yは国民所得水準、Y_Eは均衡国民所得水準、Y_{-1}は前期の国民所得水準、αとβは調整係数、mは貨幣供給増加率、πはインフレ率、π^Eはインフレ期待率、π_Eは均衡インフレ率、γ_gは政府支出の増加率である。

図2—2　アベノミクスの第1の矢

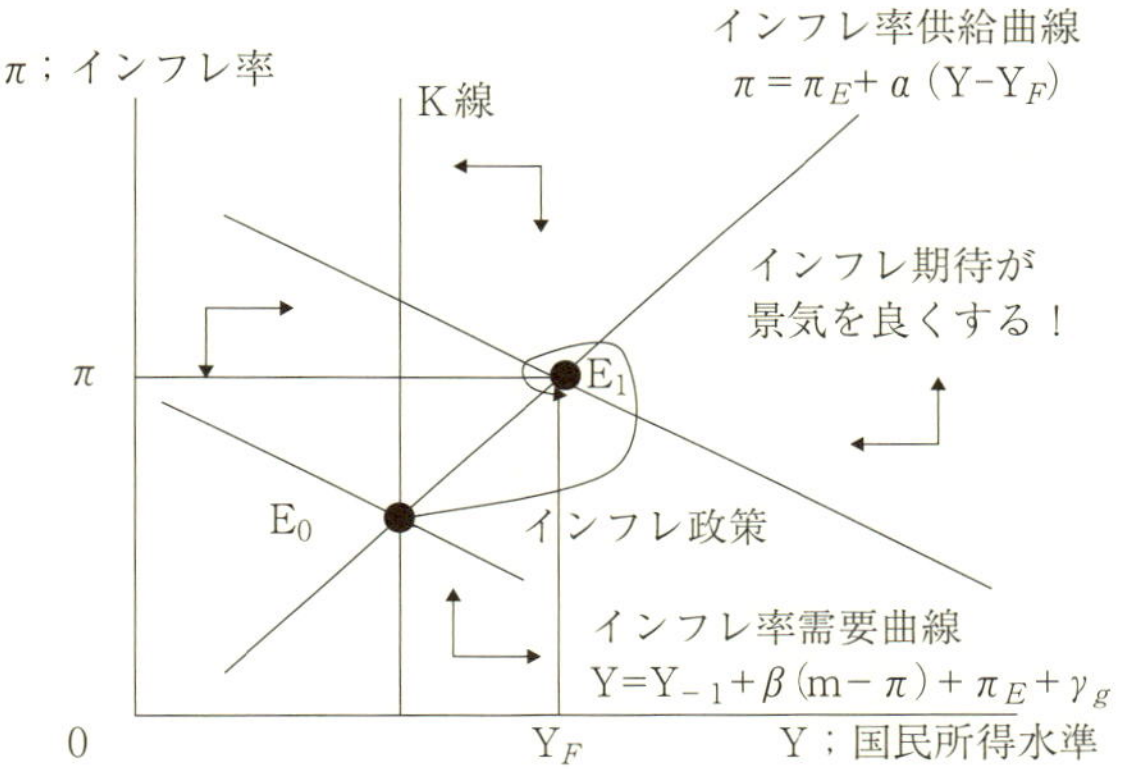

図2—2において、横軸に国民所得水準Yをとり、縦軸にインフレ率πをとると、右上がりの曲線はインフレ供給曲線であり、右下がりの曲線インフレ需要曲線である。マクロ経済の均衡点は、当初、点E_0にあったとする。

アベノミクスが想定する金融緩和政策の経済効果は、次のように説明することができる。

金融緩和政策による貨幣増加率mの上昇は、国民所得水準Yを上昇させる。国民所得水準上昇はインフレ率πを上昇させる。インフレ率の上昇は国民の期待インフレ率π^Eを上昇させる。インフレ率の上昇は国民所得水準を低下させ、国民所得水準の低下はインフレ率を低下させる。このような国民所得水準とインフレ率への影響が累積的に生じることによって、経済は元の均衡点E_0から新しいマクロ経済均衡点E_1に辿り着くと説明されるのである。

アベノミクスが想定するこのマクロ経済学モデルの経済的背景は非現実的である。なぜならば、今日の日本経済において家計や企業の多くの期待インフレ率が正の値である（$\pi^E>0$）と想定することには無理があるからである。また、この議論においては、これらの経済主体の行動が平均的な行動としてマネタリストの想定通りに行動すると説明されており、一方的な方向への変化だけが考慮されている(1)ことにも問題があるのである(2)。

しかも、貨幣的現象を重視するあまり、実物経済に対する変化の仕方と政策の効果についての展望が皆無である。それゆえに、本来解決すべき正規社員数と非正規社員数のような雇用の質的問題と実質経済の問題は解決しないのである。

また、このマクロモデルは自己矛盾的なモデルである。なぜならば、「インフレ期待」と「貨幣錯覚」が一定のタイムラグを伴いながら同時に生ずるという経済の実態に対する錯覚が存在するからである。

1・3　フィリップス曲線とオークンの法則

フィリップス曲線

イギリスの1862年～1957年の間に起こった現象について、賃金上昇率$\dot{W}/W$と失業率uとの間に、次のような負の相関関係が示されると経済学者アルバン・ウィリアム・フィリップス（A. W. Phillips Curve）が1958年に発表した。

$$\frac{\dot{W}}{W}=f(u)$$

これを図示したのが、本来の「フィリップス曲線」(Phillips Curve) である。

その後、P・A・サムエルソンが賃金上昇率と物価上昇率との関係から、失業率と物価上昇率との負の相関関係としてとらえなおし、「フィリップス曲線」と呼ばれるようになった。インフレが起こると失業率が下がり、失業率が上昇すると物価が下がるという関係として説明している。

しかし、90年代以降、先進国では極端なインフレが起こらない「ディスインフレーション」が進行するにもかかわらず、失業率は高まっていくという現象がおきたために、フィリップス曲線では説明が難しい経済状況が生じているのである。

すなわち、「フィリップス曲線」は、ある経済のある期間についての経験を説明することはあっても、一般的な経済現象を説明する理論ではないと理解するべきなのである。

オークンの法則

オークン(Arthur M. Okun)は、アメリカ経済の経験によると、失業率が1%上昇すると実質GDPが3・2%低下することを発見した。この関係は、国民所得Yと失業率 uとの間に、経験的に安定的な負の相関関係が観測されることを説明した。この関係はオークンの法則(Okun's law)と呼ばれ、次の式で表される。

$$\frac{Y_F - Y}{Y_F} = c(u - u_N)$$

ここで、Y_Fは完全雇用所得水準、u_Nはそれに対応する自然失業率、cは係数である。

2　ケインズ経済学と金融緩和政策の効果

ケインズ経済学においては、デフレ経済とは有効需要の不足とそれに伴う非自発的失業が存在する状態をいうのであるが、日本の総務省が「デフレ経済とは物価の下落の状態である」と定義してしまったために、このような実際の経済についての認識問題において混乱が生じているのである。

ケインズ経済学においては、デフレの原因は「有効需要の不足」であり、その状態は失業者の増加現象として認識されるのである。実物経済の状態によっては物価の下落が伴うことがあるが、過去十年の日本経済においては、物価は安定しており、決して物価下落状態ではなかったのである。

ケインズ経済学における金融緩和政策の過程は、図2―3のように説明することができる。すなわち、金融緩和政策による、①貨幣残高の増加は、②市場利子率を低下させ、③民間企業の投資水準を上昇させるために、④有効需要を拡大させて、⑤景気を回復させるのである。このとき、財市場における需給関係を反映して物価が上昇して、⑥貨幣価値が低下することがあるというものである。

極端な金融緩和政策によってインフレ政策を行い、長期的趨勢に順応してきた日本経済の体質にショック療法によって体質改善を行うという経済政策の意図が不明である。また、政府は平成26年4月に消費税を5％から8％へ増税して、さらに、平成29年4月に8％から10％へ増税するという。この二度にわたる消費税切り上げによって価格が上昇したとしても、それは市場価格の上昇であって、インフレ現象ではないことに注意しなければならない。

このように、アベノミクスとは、誤った事実認識と誤った経済理論に基づく、誤った経済政策なのである。すなわち、日本経済の現状が図2―2における点E_0の状態であるとしても、図2―2のK線(3)のような制約条件の存在によって、「大胆な金融政策」や「異次元の金融緩和政策」によってもマクロ経済状態が変化する要因は存在しないのである。

図2―3　ケインズ・モデル　金融緩和政策の効果

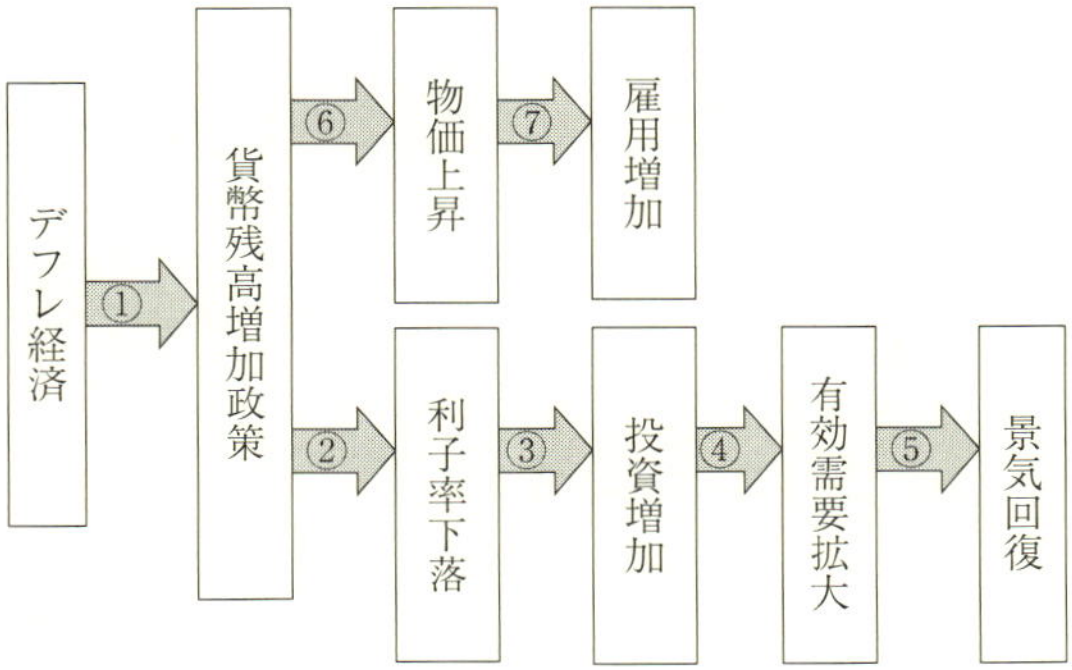

爪糸の理論

そもそも貨幣供給量を増加させても、マクロ経済にインフレを生じさせることは困難なのである。

凧を空高く上げるためには凧糸を長くしなければならない。しかし、凧糸を不用意に長くすると凧は真っ逆さまに墜落してしまうのである。風の流れと強さ、方向を見ながら凧糸を緩めたり引き締めたりして凧が風から受ける力と凧糸の引っ張られる力とのバランスを図りながら凧を空中に安定させるのである。次第に凧を空高く上げるためには十分な経験と風の適度な勢いが必要なのである。

このような「凧の高さと凧糸の関係」は、貨幣存在量（貨幣供給量）とインフレーションとの関係においても、説明することができる。すなわち、流通する貨幣量（凧糸）を増加させればインフレーション（凧の高さ）が発生するわけではないのである。このように「貨幣供給量を増加させてもインフレ率が上昇しない」という関係を「凧糸の理論」と呼ぶことができるであろう。余分の凧糸（貨幣量）はすべて日銀の金庫に戻るのである。

3 買いオペレーションによる「金融緩和政策」

3・1 公開市場操作の「買いオペレーション」

公開市場操作の「買いオペレーション」による金融緩和政策とは、中央銀行としての日本銀行が市中銀行によって保有される国債などの債券を、市場価格あるいはそれ以上の価格で

図2―4　金融緩和政策（教科書的な「買いオペレーション」）

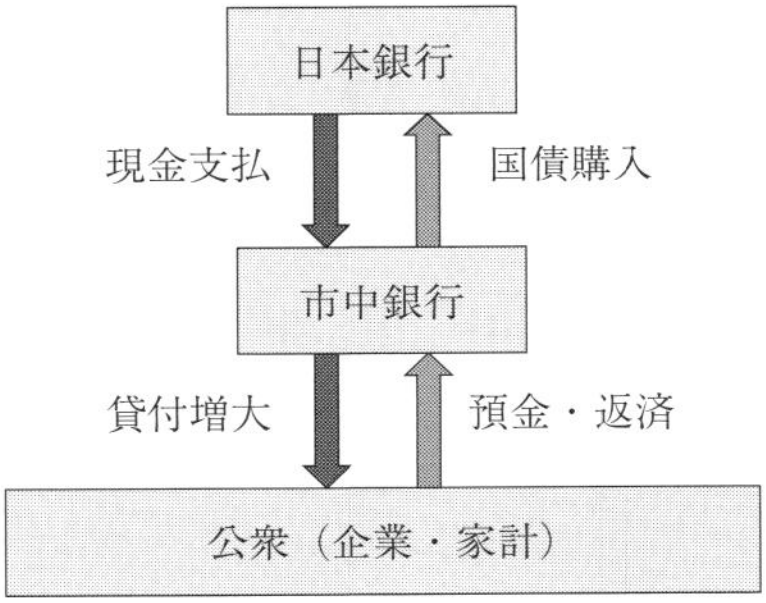

購入して、ハイパワード・マネーの供給量を増加させて、市場利子率を下落させることによって、公衆への貸出額を増加させて、民間企業の設備投資や家計の住宅投資を増加させることによって有効需要を拡大させる政策である。この関係は図2―4の公開市場操作・買いオペレーションとして説明することができる。

しかし、今日の厳しいＢＩＳ規制のもとでは、市中銀行にとっては貸出額の割合を変更して自己資本比率を変更することは、貸し出しリスクを上昇させて、資産構成を危険にさらすことによって、自己資本比率を悪化させる可能性が高いため、市中銀行にとって実現不可能な政策なのである。すなわち、日本銀行が買いオペによって、市中銀行を通して金融緩和政策を成功させることは困難なのである。

3・2　大胆な金融緩和政策の帰結

黒田日銀総裁は「大胆な金融緩和政策」を実施していると主張している。すなわちＢＩＳ規制に基づいて自己資本比率を維持するために、貸出比率を必死で守っている市中銀行に対して「買いオペ政策」を実行することによって、市中銀行の貸し出し額と比率の変更を迫っているのである。この政策の結果、日本銀行は満期償還に近い国債を市中銀行から購入し、

図2―5　大胆な金融緩和政策（買いオペ）
⇔ 愚かな金融緩和政策

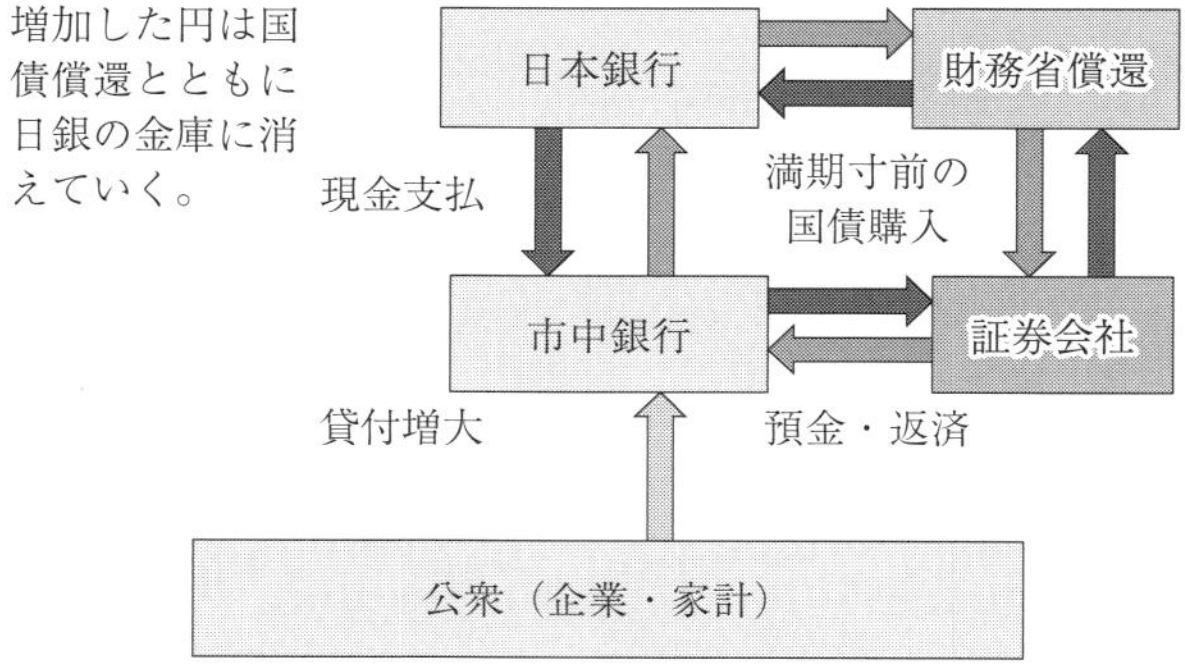

市中銀行は日銀に販売した国債と同額の新規国債を購入して、自己資本比率を守るために金融緩和政策の実効性は皆無なのである。この関係は図2―5によって説明することができる。

すなわち、「大胆な金融緩和政策」とは、市中への貨幣量の増加政策ではなく、市中銀行を通した日銀の国債購入政策にほかならないのである。貨幣供給量は追加的に市中に流通することはなく、政府の国債売上代金として支払われることになるのである。やがて日銀が購入した国債の満期到来とともに「買いオペ」によって追加された貨幣量は日銀に還流するのである。このとき、利回りの高い満期近くの国債を償還することによって日銀は巨大な利益を稼ぎ出すことになるのである。

日本銀行の国債保有額は、２０１３年５月２日の77兆３４１億円から、２０１４年11月25日には１８９兆８、３８６億円と１１２兆８、０４５億円増加しているのである。この日銀の利益自体が、アベノミクスの「第１の矢」と「クロダノミクス」の限界と失敗を物語っているのである。

インフレ政策を実現するためにも、景気刺激政策のためにも、「第1の矢としての大胆な金融緩和政策」は有効ではないという意味で、クロダノミクスの「大胆な金融緩和政策」は愚かな金融政策なのである。

図2―6　異次元金融緩和政策（買いオペ）
⇔ 米国経済奉仕型金融緩和政策

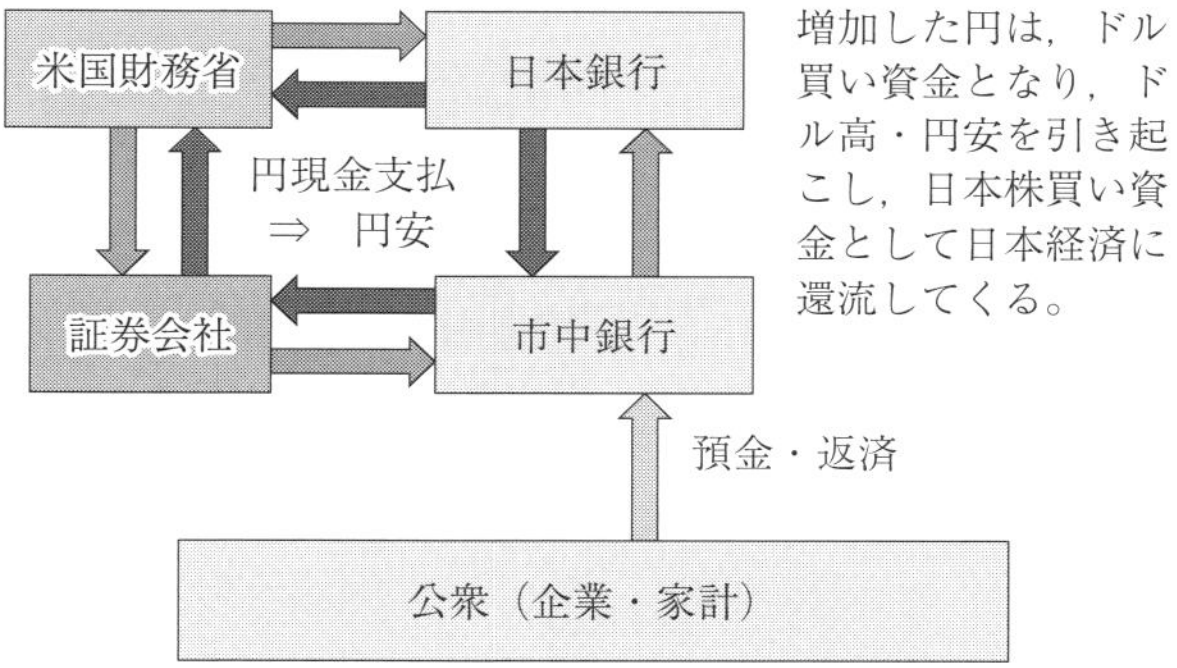

3・3　異次元の金融緩和政策

BIS規制に伴う自己資本比率維持のために、財務省と金融庁は長年の間外債を保有することを市中銀行に勧めてきた。そのため日銀の買いオペレーションによる金融緩和政策の結果として国債を日銀に販売した結果、得られた現金の一部は外債の購入に充てられるのである。また、日銀は外国為替市場を通して短期国債を購入し、あるいは、直接的に外国債券を購入することによって円安政策を導いているのである。

この関係は、図2―6によって説明することができる。

すなわち、日銀の資金は直接的にも間接的にも海外（米国）の金融債券の購入資金として支払われ、アメリカ政府の財政資金の源泉となり、アメリカの金融市場の下支えにも貢献しているのである。その結果として、円安とドル高の為替相場を実現し、副産物の結果として海外からの投資を増加させて、東京株式市場の株価高が演出され、株価の乱高下を利用して「日本人の資産海外流出」という結果を導くのである。

「異次元の金融緩和政策」とは、日銀による直接的・間接的な外債購入政策であり、円安・ドル高誘導政策であって、国内のデフレ対策や国内の有効需要拡大政策に貢献する政策ではないのである。

先に説明した「大胆な金融政策」と同様に、「異次元の金融政策」も、日本国内にインフレを実現するためにも、日本経済の景気刺激政策のためにも有効ではないのである。アベノミクスの「第1の矢」は有効ではないということはすでに3年も経った今日では誰でも理解できる事実である。

4　アベノミクスとクロダノミクスの失敗

このように日銀の黒田総裁が採用してきたクロダミクスという2つの金融緩和政策は、日本経済の現状においては無効な政策であり、本来、不必要な政策なのである。

なぜならば、日本経済の実際においては、「買いオペ」による通貨供給量の増加は「ＢＩＳ規制」のもとでは、到底、実現不可能な金融緩和政策である。しかも、日銀による貨幣供給量の増加というインフレ政策の情報に接して日本の国民が予想インフレ率を上昇させることは期待できなかったのである(4)。

この3年間において国民はインフレ政策に対して無反応であった。すなわち、予想実質金利の下落は生ぜず、設備投資増加は実現しないままなのである。まして、今日の日本企業の多くは、多国籍企業化しているために、企業の国内投資は海外投資との関係から意思決定されることから、金融緩和政策が国内の景気回復に成果をもたらし、デフレ状態脱出するための政策として期待することは無意味であったのである。それゆえに、アベノミクスのもとで実施された日銀のクロダミクスによるインフレ政策は、すでに失敗した政策なのである。

4・1 クロダミクスの失敗―BIS規制の罠

以上の説明から明白なように、日銀の「買いオペ」による公開市場操作によっても、BIS規制のために、市中銀行の融資額を増加させることはないために、有効需要は拡大しないのである。これを「BIS規制の罠」ということができるであろう。

すなわち、図2―2におけるK線のような制約条件の存在によって、「大胆な金融政策」や「異次元の金融緩和政策」によってもマクロ経済状態を変化させない要因とは、この「BIS規制の罠」なのである。

今日の日本経済における金融緩和政策は、BIS規制による「自己資本比率規制」の存在によってその有効性は封印されているのであって、市中銀行は自由に動けない経済環境にあるのである。もし日本銀行が自由に貨幣供給量を増加させることができるとしても、「 紐

表２―１　日本のインフレ率

年	2010	2011	2012	2013	2014	2015
インフレ率	－0.72	－0.29	－0.04	0.36	2.75	0.73

（出所）IMF-World Economic Outlook Databases（2015年10月版）

の理論」によって、「大胆な金融政策」も「異次元の金融緩和政策」も無効な政策なのである。外国為替相場を混乱させ、株価を歪めて、金融資産構成を歪めて、外国人投資家と海外の機関投資家への便宜を提供しているのであり、その結果として国内の国民の資産を減少させているのである。すなわち、日本の株価が上昇しても国内の誰にも利益はないのである。特にこのダメージは年金基金に及んでいるのが問題である。

４・２　無意味なインフレ政策

上の表２―１は、平成22（２０１０）年から27（２０１５）年の日本のインフレ率である。

平成25（２０１３）年３月に、黒田総裁が約束した「２％のインフレ」は、０・36％であった。翌年の平成26（２０１４）年は消費税が５％から８％へ上昇したことを反映してインフレ率は２・75％になったが、これはインフレ政策の効果ではないことは理解される。そして、平成27（２０１５）年は０・73％であった。

以上の分析から、「大胆な金融政策」と「異次元の金融緩和政策」、「マイナス金利政策」は、無駄な経済政策なのである。インフレーションを起こせば、経済成長が実現することはないのである。経済成長が実現する過程において実物経済における諸財・サービス間の一時的な相対価格の変化によって、超過需要発生の結果としてインフレーションが生じるのである。

黒田総裁が約束した「2%のインフレ」とは、経済成長してインフレーションが発生した場合に、インフレーションの許容範囲を2%に抑えるという意味でしかないのである。消費税が5%から8%へ、そして、10%へと上昇することによって生じる物価上昇は一度きりの価格上昇であり、インフレ発生ではないことに注意しなければならない。

5　マイナス金利導入

日本銀行は、平成28（2016）年1月29日の金融政策決定会合で、金融機関が日銀に預ける資金の金利を一部マイナス（日銀当座預金の一部にマイナス0・1%のマイナス金利を適用する）にする「マイナス金利政策」を導入すると発表した。民間銀行が中央銀行に資金を預ける際の預け金の一部の金利をマイナスとすることによって、企業や個人により多くのおカネを回そうという政策である。このようにマイナス金利を導入することで市場金利が下がり、融資や株式投資に資金が向かい、企業収益や賃金の改善を通じて景気回復や物価上昇につながる効果を期待している政策である。

しかし、これまでの金融緩和政策の効果と同様に投資や消費が増加する効果は期待できない。市中銀行の資金の一部が、株式投資や海外の金融債への投資に若干の資金が流れ、円安傾向を支持するだけであろう。まして、企業収益や賃金水準の改善を通じて景気回復や物価上昇につながる効果は期待できないのである。

マイナス金利自体は日本経済において経験済みである。「2年で2%のインフレ目標を実現する」として、日本銀行は2013年4月から異次元金融緩和政策を採り、大量の国債を買い上げた。このとき日銀の国債買い上げを期待して、国内大手銀行・証券の債券ディーラーが、マイナス金利となるような高い価格でも国債を購入して、数日以内に、より高い価格で日銀に売却し、利ザヤを稼いだのである。このときに国債の額面価格との間にマイナス金利は発生しているのである(5)。

円高防止政策としてのマイナス金利政策

欧州ではマイナス金利が定着しつつあり、ドイツ、オランダ、スイス、フランス、オーストリア、フィンランド、デンマークの短期国債で見られる。

最初にマイナス金利となったのはドイツであり、2012(平成24)年1月初めに行った6カ月物国債入札結果がマイナス0・0122%であった。

2012年7月、政策金利で初めてデンマーク国立銀行がマイナス金利に移行した。

2014(平成26)年6月5日、欧州中央銀行(ECB)は中銀預金金利をマイナス0・1%とした。

同年12月18日、スイス国立銀行は、マイナス金利を導入すると発表した。

2015年4月現在ではECB、スイス、デンマーク、スウェーデンが政策金利でマイナス金利を導入している。

欧州中央銀行（ECB）やスイス国立銀行（SNB）が、マイナス金利政策を採用していることから、ドイツ、フランス、スイスなど、欧州の短期国債の多くがすでにマイナス金利となっている。資金の運用難になった欧米の投資家は、「日本国債がマイナスの利回りであっても、利ザヤを稼げている可能性が高い」ことから、日本国債に資金を振り向けた。なぜなら、海外投資家は金利通貨スワップ市場で、ユーロやドルを円に転換して日本国債を買うが、このときの円調達コストが大幅なマイナス（＝ユーロやドルを円に換えれば利益が出る状態）になっているためだ。円の調達コストがマイナスなのは、利上げ時期が近いとの観測から、ドルの需要のほうが圧倒的に強いことが背景にあるのである。

【注】

（1）すべての市場が、競争原理による市場メカニズムが機能するという想定は、市場原理による自動的な調整メカニズムが十分に機能する市場経済を想定しており、自由放任主義の思想が背景にあるのである。そうであるならば、経済的取引の諸結果は、各経済主体にとっては自己責任であり、実体経済についての展望は無意味となるのである。

（2）また、海外部門と国内経済との関係については、貿易構造は一定であり、貿易収支と金融取引、資本移動が所与の条件のもとで、機械的に一定の関係を保ちながら、しかも、独立的にマクロ経済が運営されていることが想定されているのである。

（3）ケインズの有効需要制約によって決定されると考えられる国民所得水準である。

（4）インフレは価格の歪みをもたらし、資源配分の効率性と所得分配の公正を乱すことから本来望ましい政策ではないのである。特に、日本企業の海外展開への構造変化を逆行させる政策は企業に負担を強いることになるのである。

（5）額面の100円と利息1円、合わせて101円を、1年後に、受け取れる国債を考える。今、この債券を102円で買うと1年で1円の損をする。その利回りは、年間損益÷購入価格で計算するので、マイナス0・98％となるのである。償還時に受け取る総額よりも高い価格で買うとマイナス金利になるのである。

第3章
第２の矢（財政政策）の現状と課題

アベノミクスにおいては、経済復興戦略とデフレ脱出政策のための「第2の矢」として積極的な財政政策が実行されてきた(1)。しかし、積極的な財政政策を評価するためには財政政策の中身を見ることが大事である。なぜならば、積極的な財政政策においては、公共事業の実施による景気刺激政策の成果と長年の政府の累積債務問題解消という矛盾した政策テーマに直面するからである。

1　アベノミクスのマクロ経済的環境

いま、図3―1において、横軸に公共事業の実質値G、縦軸に租税収入マイナス国債費$T+\frac{\Delta B - tB}{P}$をとる。次の（3・1）式は生産物市場が完全雇用水準において均衡する条件であり、（3・2）式は財政均衡条件を表している。

$$Y_F = C(Y_F - T) + I + G \quad (3・1)$$

$$G - T = \frac{\Delta B}{P} - \frac{tB}{P} \quad (3・2)$$

ここで、Y_Fは完全雇用水準の実質国民所得、Cは実質消費額、Iは実質民間投資額、Gは実質政府支出額、Tは実質租税収入額、tは国債の利子率、Bは国債の累積残高、ΔBは国債

図3―1　達成されない財政の長期均衡と完全雇用所得水準

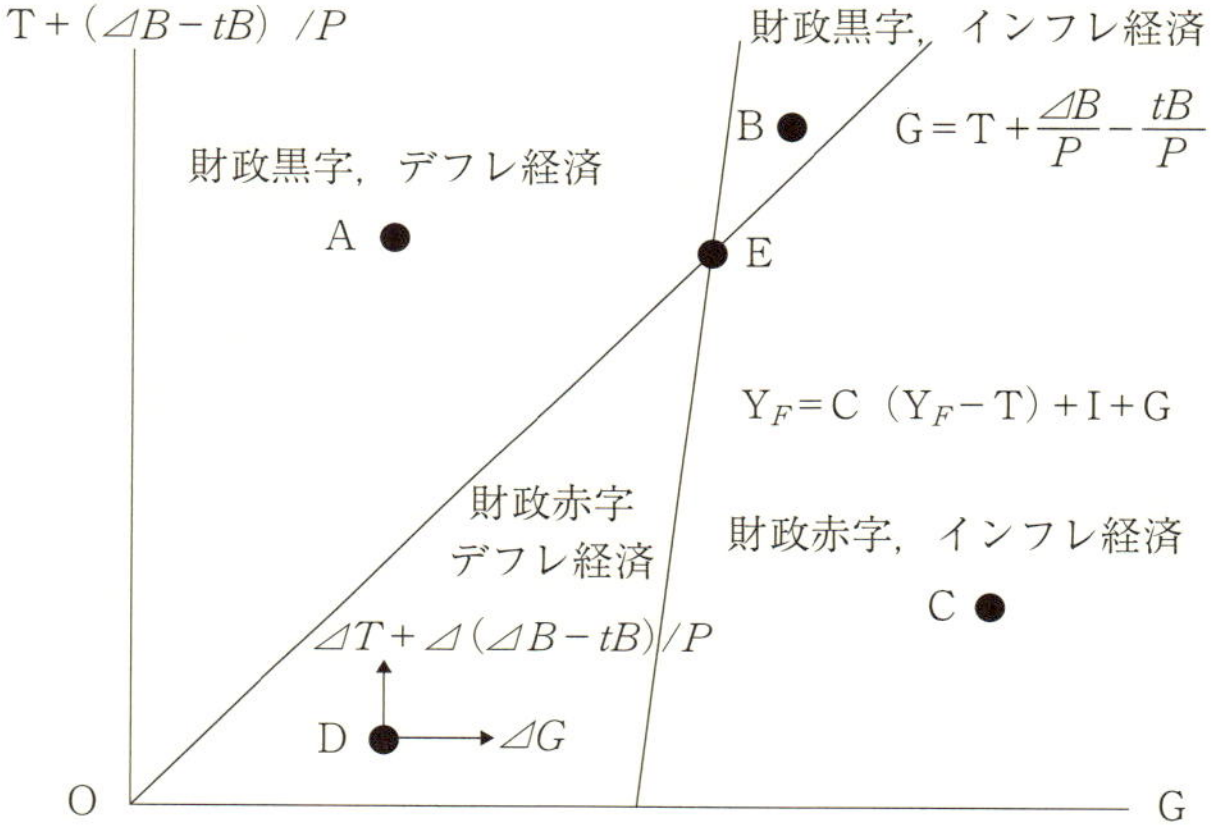

の新規発行額、Ｐは物価水準である。

財政支出増加$\varDelta G$が実質国民所得Ｙに与える影響$\varDelta Y$は、$\frac{1}{1-c}\Delta G$で表され、増税額の増加が実質国民所得に与える影響は、$\frac{c}{1-c}\Delta\left(T+\frac{\Delta B-tB}{P}\right)=\frac{c}{1-c}\left(\Delta T+\Delta\left(\frac{\Delta B-tB}{P}\right)\right)=\frac{c}{1-c}\left(\Delta T+\frac{\Delta(\Delta B-tB)}{P}+\frac{\Delta B-tB}{P}\pi\right)$で表されることから、$Y_F$線の傾きは$\frac{1}{c}$で表される(2)。また、45度線は（3・2）式の財政均衡条件を表している。

図3―1において、点Eは完全雇用と財政均衡(3)が同時に成立する長期経済均衡状態を表している。この長期均衡点は、物価水準、利子率と累積債務は一定所与である時に成立する点であることに注意しなければならない。

図3―1においては、マクロ経済状態と財政収

支について、以下の4つの領域に分けて説明することができる。

Aの領域は、財政黒字と有効需要が少ない、あるいは失業率が高いという意味で、デフレ経済の状態を表す領域である。完全雇用国民所得水準と財政均衡状態を達成するためには、政府支出の増大（⊿G＞0）と点Eよりも上（下）の領域では減税（増税）が必要である。

Bの領域は、財政黒字とインフレ圧力が存在する経済の状態を表す領域であり、完全雇用国民所得水準と財政均衡状態を達成するためには、減税（⊿T＜0）と政府支出の削減（⊿G＜0）が必要である。

Cの領域は、財政赤字とインフレ圧力が存在する経済状態を表す領域であり、完全雇用と財政均衡状態を達成するためには、政府支出の削減（⊿G＜0）と点Eよりも上（下）の領域では減税（増税）が必要である。

Dの領域は、財政赤字とデフレ経済の状態を表す領域であり、現在の日本経済の状態を表している。この領域において、完全雇用と財政均衡状態を達成するためには、増税（⊿T＞0）と政府支出の増大（⊿G＞0）が必要である。

長期均衡点に辿り着かないアベノミクスの現実

点Eは、単純に歳入＝歳出、$G=T+\frac{\Delta B}{P}-\frac{tB}{P}$、という意味での条件線である。あるいは、政府の新規の借り入れはない（$\Delta B=tB$）という意味での、G＝Tという条件線であり、プイマリーバランス(4)を満たす線である。経済がDの領域にある限り政府の債務は増加し続けていることを表している。

また、今日の赤字財政政策には、有効需要創出効果がないだけではなく、財政圧迫要因の増加だけである。消費税の増税圧力は景気を停滞させることはあっても財政赤字を解決する能力はないのである。

今日の政府は、日本経済におけるバブル発生とバブル崩壊以後の、新しい経済構造への改革のために必要な社会資本の形成という本来の具体的な経済成長政策を考えることさえもできていないのが不況が続く原因なのである。

2 縮小した公共事業と老朽化した社会資本

2・1 縮小した公共事業

橋本内閣以来の公共事業の縮小期を通じて、日本経済において建設業は大幅に縮小したために今日、建設業関係の技術者や労働者の不足は顕著である。このような状況のもとでの積極的な財政政策による公共事業拡大政策は、人材不足のために実現不可能な政策となっていたのである。そのため、3・11以降の復興政策においても、アベノミクスの公共事業政策においても、国内経済への経済波及効果は少なく、計画の実行がスムーズにいかないという意味で無駄な公共事業が顕著になってきたのである。

また、国鉄分割民営化や郵政民営化によって現業部門の労働者の学歴が上昇し、低学歴の労働者の雇用の場が減少したために正規社員の雇用量が減少しており、それを埋める形で派遣社員・非正規社員の雇用が増加しているのである。

このような状態のもとで、正規社員の雇用量が減少する一方で、非正規社員が増加することによって、失業率の低下が公表されるなどの経済の実態にあわないという違和感の多い好況感が発表されるのである(5)。

政府が行うべき政策は、正規雇用増加と非正規雇用減少のための政策である。主婦のパート労働に対する所得税の問題や、非正規社員の正規雇用化という労働市場の改善を求める世論とは乖離した政策として、政府は地方の雇用創出を目的とした「地方創生」政策を発表したのである。

2・2 老朽化した社会資本問題と3・11復興放棄

橋本政権以来の小さな政府を目指した長年の行政改革に対する幻想の中で、財政赤字を縮小させるために採用された公共事業の縮小政策によって、日本経済の社会資本の老朽化が急激に進み、社会資本の生産性(外部経済効果)が次第に低下して、財政赤字はその本来の目的に反して累積的に増加してきたのである。この段階で、社会資本が外部経済効果を発揮して生産性を上昇させるための新しい経済構造を構築するための社会資本形成政策が採用されるべきであったのである。なぜならば、社会資本の生産性とは社会資本の形成によって外部経済効果が発揮されて、民間企業の生産費用の低下を導くことに伴う生産量の拡大と雇用量が増加し、国民所得が増加することによって、政府の税収が増加するという過程を生み出すような政策である。

老朽化した社会資本の修復と再建が必要となっているこのような日本経済において、2011年の3・11災害による東北三県の社会資本の崩壊と地域住民の私的財産の喪失という大災害は、大きな痛手であるにもかかわらず、この地域の住民の生活を復興させるために必要な社会資本建設のための投資が遅々として進まない。

このような状況のもとで、被災者の生活の再建のための援助さえも放置したままである。このことを民主党政権以来の政府は責任を果たしていないのが現状である。

多額の予算を用意しながらも、次の津波に備えて効果があるかどうかもわからない巨大なテトラポットを、数千個も環境破壊的に海岸線に埋めるという愚かな公共事業や、防災効果が保証されない巨大な堤防建設計画の設計図を振り回して、住民の生活復興を妨害しながら、あるいは町全体の安全地帯への移住政策と称して、遅々として進まない震災復興計画の中で、政府は予算を浪費しながらも、住民の生活復興には貢献してこなかったのである。

このような勘違いの復興を名目とした浪費的な公共事業政策を実施しながらも、2020年の東京オリンピック招致というさらに愚かな選択を東京都は行ったのである。東京オリンピックの招致によって震災復興のための費用が増大し、しかも復興の時期がさらに遠のいたと被災者たちは失望していることを為政者は理解していないのである(6)。

社会資本形成のための戦略は、東北三県の震災復興と東京オリンピックのための東京の社会資本の形成とそれ以外の地域の社会資本の形成を、同時に整合的に行う政策を提案しなければならないのである。それは、東京オリンピック後に描かれる日本の経済構造・産業構造への具体的な構想に向かって、日本経済の社会資本をどのように形成するのかという問題なのである。

アベノミクスの「第2の矢」が有効ではない原因は、赤字財政政策による公共事業の現場においては、土木関連産業で働く技術者と労働者の不足である。今日、ゼネコンはフルキャパシティの状態であり、継続する保証のない公共事業のために新規雇用を行う意思がないのが実情である。このような状態での過剰な公共事業予算は直接的効果がないだけではなく、経済刺激政策としての間接的効果も少なく、外部経済効果も生み出さないのである。すなわち、産業と企業の実態に合わない公共事業拡大政策は有効需要創出効果がない、無駄な財政圧迫要因だけが残る政策なのである。

3　ケインズによるピラミッド建設の意義

ケインズの有効需要拡大政策の最良の財政政策は、公共事業によって雇用量を増加し、国民所得を増加させるという意味では、フローを増加させる政策であり、経済全体の生産力を増加させ過剰生産を導かないことである。いわゆる無駄な公共事業が重要であると説明されてきたのである。この無駄な公共事業の最も有名な例がピラミッド建設による有効需要拡大・景気刺激政策の1つの例として挙げられているのである。

「財務省が古い瓶に紙幣を詰めて炭鉱の跡地に適切な深さに埋め、採掘権を競り落とした民間企業にレッセ・フェールの原則に基づき掘り出すことをさせれば、失業はなくなるだろう。波及効果で所得も資本蓄積も増えるだろう。もちろん、住宅などを建設する方が賢明なのだが、政治的な理由でそれが難しいのであれば、何もしないよりは上記の方がいい。」（ケインズ、『雇用利子および貨幣の一般理論』）

ここで、公共事業には無駄な公共事業と有意義な公共事業とに分類されることになるのである。いま、経済はデフレ状態にあり、現在時点での国民所得水準をY_0として、財政政策後の国民所得水準をY_1とする。このとき、限界消費性向をcとして、財政政策の効果による国民所得の増加分を（$=Y_1-Y_0$）とすると、次の（3・1）式が成立する。

$$\Delta D_D=(1-c)\times(Y_1-Y_0) \quad (3 \cdot 1)$$

この（3・1）式の関係は、縦軸に総需要額、横軸に国民所得水準をとると、45度線（国民所得Y＝総需要D）を利用した教科書的な図3―2によって説明することができる。

図３—２　財政政策

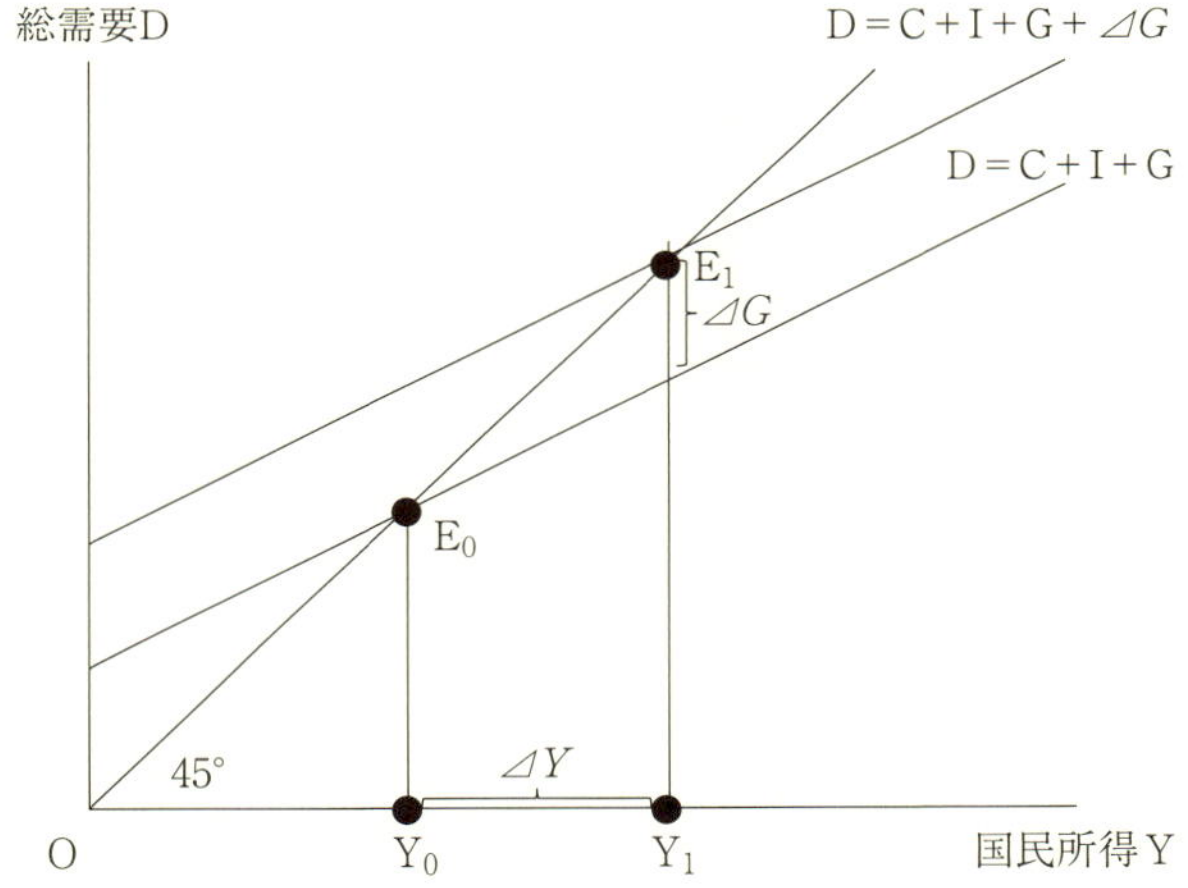

4　ピラミッド建設の意義についての再考察

⊿Gの規模のピラミッド建設は、生産力を増大させない政府の無駄な支出であったとケインズは説明しているのである。本節においては、このケインズの説明の妥当性について考察する。

ピラミッド（Pyramid）は、エジプトだけではなく、中南米などにも見られる四角錐状の巨石建造物の総称である。かつては金字塔という訳語が使われていた。歴史学の一般的な解釈としては、奴隷に築かせた王墓とされてきた。しかし、最近、ピラミッド建設に携わった人たちは、奴隷ではなく専属の建設労働者であったことが明らかになったのである。

1990年代に入って、ギザの大ピラミッド付近でピラミッド建造に関わったとされる住居跡と墓が見つかり、豊かな生活物資や住居跡が発見されたのである。そこには、ピラミッド建設に必要な高い建築技術を持った専門の技術者がいたこともわかっているのである。また、建設に関する労働者のチーム編成や作業記録が文字で残っているのである。

ピラミッドはある目的を持って計画的に建造されていたことが伺える証拠群の出現である。このような発見を受けて、次のような説が登場した。ひとつは、「ピラミッドは信仰を象徴するモニュメント」であり、もう1つは、「遊休資源を雇用するためのピラミッド建設説」である。そして、本章で重要な分析が「ピラミッド、テトラポット説」である。

4・1 ピラミッドは信仰を象徴するモニュメント説

ピラミッドは「宗教施設」であるという前提から成立している。太陽神への信仰の象徴としてピラミッドを築くとき人々は喜んで建設に参加したという説である。

4・2 遊休資源を雇用するためのピラミッド建設説

ナイル川は、アフリカ大陸東北部を流れ地中海に注ぐ世界最長級の河川である。長さ6、650㎞、流域面積は287万㎢。かつてナイル川は毎年同じ時期に定期的に氾濫した。これは、インド洋の季節風であるモンスーンが湿った大気をナイル川の上流域のエチオピア高原に6月から9月の期間の雨季にもたらし大量の雨を降らせるためである。この雨が大量の濁流となって青ナイル川に流れ込み、白ナイルとともに上流域から順に下流域に氾濫を導きながら流れ下るのである。

この氾濫が終わったあと、川が運んできた肥沃な土地に小麦の種を蒔き収穫していたのである。この氾濫と農業がエジプト文明をつくり出し、繁栄の基盤を形成した。

エジプトでは、毎年、同じ季節に定期的に起きる増水にあわせて農業を行っていた。そして「遊休資源雇用説」は、小麦を植えて収穫した後の、次の氾濫の季節までの11月中旬から3月中旬「ペレト」の期間に遊休化している労働者を使役して本来は不必要なピラミッドを建設したという説である(7)。

しかし、農閑期に遊休化している農民を公共事業で雇用するという説には無理がある。年に一回の麦作で十分な生産量が獲得される限り遊休資源ではないからである。

ナイル川は物流にも使用された。北という単語が「川下」を表し、南という単語が「川上」を表わすように、人々は北へは川の流れに沿って船で下り、南へは帆を張って季節風で遡る方法を用いて交易を行っていた。

4・3　ピラミッド、テトラポット説—肥沃な小麦畑の開拓のためのピラミッド建設

1992年に視覚デザイン学の高津道昭氏が、砂に埋もれていたピラミッドが次々に発見されるのを見て、それらのピラミッドの配列から考えて「ピラミッドはテトラポット」であ

ると推論した(8)。

高津氏によると、「ピラミッドは「ファラオの道楽」でもなければ、「景気刺激政策」でもなく、毎年洪水を起こして荒れるナイル川の流れを制御して田畑を創造した」と説明している。上部に向かい暫減の性質を持つ正四角錐は、安定性が高く、水圧に強いことが知られていた。数百年の時間を費やしてこの正四角錐のピラミッドを次々に建設して(現在確認されているものは19基である)、ナイル川の流れを北西から北東に変え、川の沖積を導くことによって、広大なデルタ地帯を造り出すための巨大な公共事業であったのであると説明している。このことはほとんどのピラミッドがナイル川の西岸に築かれていることからも、また、エジプトの東北部地帯の海面からマイナスの低平地の存在からも説明されるとしている。

2013年には、土木工学・河川技術家の武村公太郎がこの説を補強して、「ピラミッド「群」はナイル川の「からみ」説」であると提唱した。この説はカイロを起点としてナイル川の扇状地に広がる九州より広い流長200キロ、4―5万平方キロの地域が、紀元前4000年の縄文海進以後の海水面降下によって干潟化し、紀元前3000年頃のエジプト王朝成立以後200年後からのデルタ干拓が、ピラミッド造営と歩を一にしていることから提起された。

5 国家戦略としてのピラミッド建設

ピラミッド建設の本当の意義を考えることによって、われわれの公共事業に対して再認識し、公共事業の意義を見直すことができるのである。

高津道昭氏の指摘通りに、エジプトのナイル川の周辺域の地図を見れば、ほとんどのピラミッドはナイル川の左岸域に建設されている。しかも上流に位置するピラミッドの方が古い時代に建設されて破壊の進んだピラミッドが多くあることが理解される。しかも、その破壊のされ方はナイル川の大水によって表面から次第に破壊されてきたことがわかるのである。

ピラミッドはナイル川の氾濫によって破壊されてきたのである。ここで、ナイル川の流れを地図で追いかけると南から北に流れるナイル川は、古いピラミッドの崩壊地域を左岸域に置きながら、次第に東側に流れを変えていることがわかるのである。すなわち、上流の古いピラミッドは、ナイル川が北側に真っ直ぐ進んで地中海に流れ出すことを妨害するかのように建設されてきたことが理解されるのである。

ピラミッド建設の意義とは、一般にいわれているようなナイル川の渇水期の一時的な雇用増加政策のための無駄な公共事業ではないのである。ナイル川の流れを東に変え、やがて現在のカイロ、かつてのアレキサンドリアの都市へ向かって、あるいはそれ以上に古い古代のエジプト王朝の都市に向かって流れを変えて、巨大な緑豊かな大平野を生み出したのである。

このように、ピラミッドの建設は、渇水期における一時的雇用のための建設ではなく、常用雇用によって長期的に広大な小麦畑を造成するためにつくられたことが理解されるのである。やがて、ローマ時代には、豊かな小麦畑を所有するエジプトは、ローマ皇帝の私領としてローマ市民に施すパンの原料としての小麦の供給地となるのである。このようにピラミッド建設とは、短期的には雇用創出効果であったが、長期的には穀倉地帯の創出であったのである。

かつてJ・M・ケインズが、『雇用・利子および貨幣の一般理論』（1936年）において「無駄な公共事業」の例として挙げた「ピラミッド建設」は、長期的にはエジプトに穀倉地帯を創出してエジプトの経済構造を変革し、経済全体の生産能力と雇用創出を導く社会資本形成であったと、今日的な理解をもって再解釈されなければならないのである。

同時に、われわれは古代エジプトの歴代王家が考案した以上の経済効率の高い公共事業を創造しなければならないのである。行き詰った今日の日本経済において画期的な経済構造改革と産業構造改革を実施する必要があるのである。

そのヒントは田中角栄元総理大臣の「日本列島改造論」である。全国を高速道路網と新幹線網によって繫ぎ、大都市と地方とを結ぶことによって雇用格差と経済格差を是正するという構想である。

6 「正しい経済政策」と「間違った経済政策」

6・1 無駄な公共事業の有効性

ケインズは有効需要拡大政策について、生産・供給能力の増加を伴う資本形成には反対であった。なぜならば、非自発的失業の存在は経済全体の生産能力が過剰であることから生ずると説明されているからである。過剰生産能力の存在によって発生している非自発的失業を減少させるために、生産能力を増強する投資は矛盾するからである。

ケインズの有効需要の理論の背景には、輸出の増加は有効需要を増加させないという前提があった。定常状態から出発して、輸出を増加させるためには実質賃金の低下が必要であり、実質賃金率の低下は国内の有効需要の減少を導くために、たとえ輸出が増加しても経済全体の有効需要は不変となるからである。

すなわち、ケインズは、有効需要が不足する原因は、大きな富の蓄積によって、資本の限界効率が急激に低下しており、自由放任を基調とする経済状態においては、雇用の適度な水準の達成を阻害すると考えるのである。

6・2 有効な公共事業と正しい公共事業

社会資本の形成によって、外部経済効果が発生されれば、企業の費用関数は低下し、経済全体の集計的供給曲線も低下する。所与の総需要曲線の下での総供給曲線の低下は、総需要曲線上に沿って有効需要を増大し、雇用量を増加させる。これが「正しい公共事業」である。

いま、総供給曲線の低下によって、雇用量が増加するとき生産費用の低下によって、国際競争力が増強され、輸出が増加するならば、経済全体の有効需要は増加することが説明されるのである。

6・3　意味のある公共事業

富の分布が偏った経済においては、適切なマクロ経済政策によって、所得格差と資産格差を是正することによって、経済全体の消費性向を高くすることが可能となり、投資の機会がさらに存在することから、所与の利子率の下で、経済は有効需要を増加させ、雇用を増加させることが可能となるのである。

3・11の復興計画において、経験した津波以上のより高い頑丈な堤防を建設することによって、次の津波からの被害を減少させようという計画が実行されようとしている。しかし、巨大な堤防は、津波から人を守らないのである。一度、津波が堤防を越えてしまった場合、あるいは堤防が壊されれば、流される家や車によって、人は押しつぶされ、引き裂かれるのである。巨大な堤防は人が津波の接近に気付く時間を遅らせるのである。

巨大な堤防は人々を海から隔離し、日常生活において海の存在を忘れさせ、海からの風とその風がもたらす音と臭いを遮断してしまうのである。2013年3・11の大津波の際には最初風があり音があったという。そして強烈な海底からの臭いがあったそうである。人は五感で津波を感じたのである。にもかかわらず、二度と津波の被害がないようにと海に向かって巨大な堤防を建造することは愚かである。津波が海底からもたらす風と音と、そして強烈な臭いを人々から遮断するからである。

このような巨大な建設費用を費やして効果が期待できない公共事業よりは、日本の各海岸線構築の歴史に学ぶ方が重要である。それは、自然との共生を前提とした安全な生活をもたらしてきた「波打つ砂丘と運河」である。

陸と海を隔てる海岸は、今日のようにコンクリートの線によって仕切られるべきではないのである。帯状に形づくられた緑豊かな自然の海岸線によって、陸と海はゆったりと仕切られなければならないのである。何層にも築かれた砂山と幾重にも重なった松林によって、海岸線は形成されなければならないのである。その砂山の間を海岸線と平行に掘られた運河や水を張ったグリークが織り成す帯状の海岸線こそが、津波対策の原点なのである。そして、このような海岸線は津波の引き潮にも強いのである。

白砂青松の帯状の海岸線こそが「自然との共生」であり、「津波との共生」なのである。巨大な津波は普段とは異なる潮の音と臭いを津波の警告として、海岸沿いに生活する人々の五感にもたらし津波から逃げるための時間を十分につくり出すのである。

【注】

（1）プロローグでも説明したように李登輝元台湾総統は、安倍政権の「政府指導型の積極的政策」を高く評価されている。

（2）Y_F線の傾きは、次のように導出される。$\dfrac{d(T-tB)}{d\frac{G}{P}}=\dfrac{\frac{1}{1-c}}{\frac{c}{1-c}}=\dfrac{1}{c}$

（3）プライマリーバランスという意味での財政均衡であり、政府の累積債務はゼロではない。

（4）財政収支において、税収などの歳入と過去の借入に対する元利払いを除いた歳出の差のことをプライマリバランスという。このバランスが均衡していることは、借金に頼らない行政サービスをしているという意味である。プライマリーバランスの赤字が続いている限り、それを埋めるために国債発行残高は増加する状況が継続する。

（5）安倍政権発足以前から、失業率は傾向的に低下していた。有効求人倍率はもともと上昇過程であった。

（6）日本でオリンピックを開催する意義があるのならば、「東京オリンピック」ではなく「仙台オリンピック」として招致するべきである。そうであるならば、震災復興計画とオリンピック招致とが整合的に実現すると筆者は考えている。

（7）ナイルの増水は、古代人がソティスと呼んだ「シリウス」が、夜明けに地平線に達する時期に起こった。現代暦では7月半ばのことだ。この現象を、エジプトでは「ヘリアカル・ライジング」と呼び、ソティス星は洪水を知らせる神、または精霊とされ崇められた。また、ナイル川の化身としてハピという神がいて、ナイル川の水が増すことは「ハピの到来」とも呼ばれた。

（8）高津道昭著『ピラミッドはなぜつくられたか』新潮選書、１９９２年6月。

第4章
日本経済の再生と地方創生

本章においては、最初に、地方創生政策の目的とその意義について経済学的に考える。特に、安倍政権の主要な政策であるアベノミクスとこの地方創生政策との関係について考え、日本経済の現状と将来に与える影響を考察する。

最初に東京・大阪・名古屋の三大都市圏の過密集積問題から発生していると考えられる現代の日本経済の諸問題と、大規模都市の最適規模化への調整問題についてその経済学的意味について分析し、その対応策について考察する。分析方法として地方創生モデルを構築して、地方創生の意味と地方の開発計画との関係について議論する。最後に、このようなモデル分析の結果を応用して、具体的な地域例としての「筑後経済圏と久留米市の地方創生政策」の在り方について政策提言を試みる。

1　地方創生政策の目的は何か

地方創生という用語は、第二次安倍内閣が掲げる主要な政策のキーワードとして盛んに用いられている(1)。

地方創生とは、言葉の意味としては、地域振興・地域活性化といったものを指していると考えられるが、地方創生の正確な定義やその意味する内容について、政府は特に説明していない。そのため、各論者の興味の範囲とも関係して、農業、地場産業、観光、科学技術イノベーションなどさまざまな課題が地方創生のあり方として想定されて議論されている。

今日、政府による「まち・ひと・しごと創生本部」の設置、および「まち・ひと・しごと創生法案」の検討などの形で取り組みが進められている地方創生の理念は「まち・ひと・しごと創生」をキーワードとして具体化されるようになっている。この政策の主要な柱として、東京一極集中の解消、地域社会の問題の解決、地域における就業機会の創出や少子化対策・高齢化対策などが据えられている(2)。

このように考えると、地方創生の目的は、「国内の各地域・地方が、それぞれの特徴を活かした自律的で持続的な社会をかたちづくること。魅力あふれる地方のあり方を築くこと」と説明されるであろう。しかし、ここで、「自律的で持続可能」な社会とは、他地域との交易や連携が行われないという意味で自立的であることを意味しているのではないであろう。なぜならば、一国経済はそれぞれの地域の生活や文化、企業、産業においてそれぞれの地域が独自の企業や産業について比較優位を持つ存在として、お互いに共通の市場の中で交易し、あるいはそれぞれの個人のライフサイクルの必要に応じて生活の場を移動させて生活するという意味では地方と地方は共存しているからである。ということはそれぞれの自立的な経済を保ちながら、自律的に日本の社会を形成するという意味になるのであろう。

地方創生の究極的な目標は、政府が説明する「人口急減・超高齢化という我が国が直面する大きな課題に対し政府一体となって取り組み、各地域がそれぞれの特徴を活かした自律的で持続的な社会を創生できるよう、まち・ひと・しごと創生本部を設置しました。」と内閣府の文言にあるように「少子化対策」なのである(3)。

2015年6月5日、厚生労働省が人口動態統計で発表したように、「日本の2014年の合計特殊出生率(4)が1・42となった。」、「出生数は100万人であった。」という「9年ぶりの低下」による衝撃に対応する政策こそが地方創生政策の目的なのである。女性が第1子を産む平均年齢は30・6歳となり、晩婚・晩産が一段と進んだ。この統計結果によって、「人口減少と少子化への対策が急務である」と政府は強調しているのである。

二階から目薬の政策

女性が一生涯に生む子供の数（特殊出生率）を増やすために全国各地域で具体的な政策を考えて、各々の地域において独自の政策を実施して、地方の雇用の場を増加させて、地方経済を活性化させること。これによって、大都市から地方へ人々を移動させ、女性の結婚の機会を増加させることによって、少子化対策が成功すると考えるのである。

このような地方への人口の分散化政策は、同時に、東京・大阪・名古屋の大都市の人口規模を効率的規模に向かって改善させようとする「一石二鳥」の政策なのである。

しかし、現在の日本経済の物流システムの下で、地方に企業群を移すことは輸送費用の上昇を伴い効率的な産業再配置政策ではなく、日本経済全体の国際競争力を損なうだけである。まして、女性が大都会から地方に移り住むことによって晩婚化が終わるわけではなく、合計特殊出生率が上昇するわけでもないのである。地方創生論は、本来の政策目的とはかけ離れた政策手段を採用しているという意味において「二階から目薬」の政策であるといわざるを得ないのである。効き目がない以上に目的と手段が一致していないのである(5)。

地方創生のイメージ

大都市と地方を比較した場合にも大都市は晩婚化、晩産化、少子化が進んでいるのに対して、地方は相対的に早婚であり、少子化の進展が遅れていると考えられている。

「地方創生」によって、大都市への若者の流入を止め、地方での雇用を増加させることによって、地方での定住率を高め、地方の人口減少を止めて、日本経済全体の出生率の上昇を図ることによって、少子化対策の一翼を担おうとするものである。この関係は図4—1に描かれている。

図4—1　人口移動；大都市への若者流入が大規模に進んだために人口減少に拍車がかかった

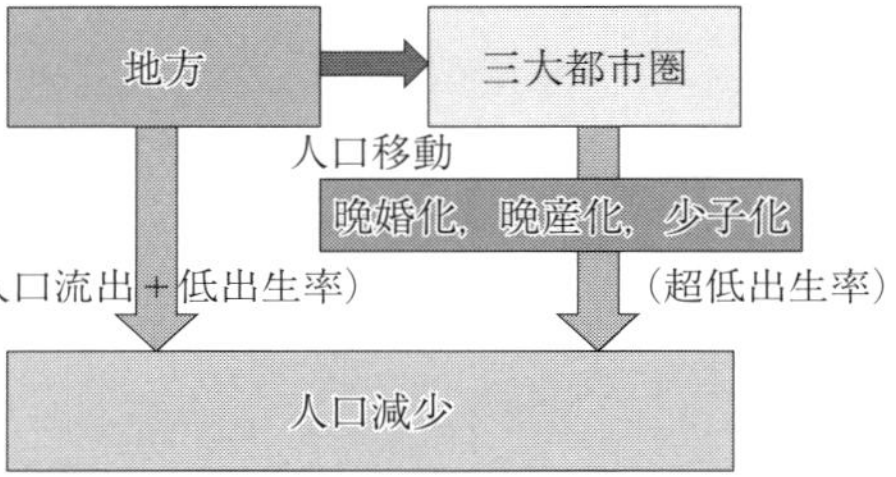

このような状況の中で、現在のアベノミクスによるデフレ政策が成功してインフレ経済状態が実現すれば、東京などの大都市の一極集中が加速化し、地方経済の過疎化進む一方となるのである。すなわち、三大都市圏への人口集中と地方経済の消滅の中で、日本経済は衰退し、安倍晋三総理が提唱する「美しく、住みよい、国土作り」や「将来を不安なく、豊かに暮らしていける社会構築」の実現は失敗することになるのである。

地方創生は政策丸投げ

本来、政府が持つべき日本経済の将来展望を、政策決定の経験もない、そして、本来主体的な政策もない、しかも、予算も政策手段も持たない地方政府にそのアイディアの提案と実施を求めるということは、政府が果たすべき政策を丸投げしているということ以外の何物でもないのである。しかも、その問題設定も誤っているのである。このような政策を提言することは中途半端な予算を弄ぶ無責任な政府なのである。

2 アベノミクスの効果と限界

3・11被害からの復旧・復興のためと、日本経済の再生のための成長戦略には、赤字財政政策は不可欠な政策である。しかし、橋本政権以来の長年の財政健全化政策の結果として公共事業費は大幅に減少したために、日本経済において土木関連産業・建設関連産業の技術者と労働者はかつての3分の1程度まで減少しているのである。すなわち、公共事業政策を実現するためのゼネコンはフルキャパシティであり、東京オリンピックのような追加的な公共事業の拡大は、既存の計画の公共事業の経済効果を失わせることになるのである(6)。日本経済の産業・企業の実態に合わない公共事業は需要創出効果が少なく、財政圧迫要因だけが残り続けるのである。

日本経済のシステムと産業構造の長期的変更について政府が国民に理想を語り、理論的に説明しないままでは、公共事業の経済効果は少なく、直接的効果も間接的効果も、それゆえに、外部経済効果も生み出さないのである。

2・1　地方創生とは何か—国の説明

人口減少問題が日本経済の主要課題として認識されてきたことから、安倍内閣において新組織を発足させ、ビジョン策定に着手した(7)。民間研究機関「日本創生会議」分科会が今年5月に公表したいわゆる「消滅自治体リスト」の公表が呼び水となり、急速に機運が高まった。しかし一方では具体的な政策は明確ではなかった(8)。

政府は、「人口減少」と「東京集中」の両問題の解決方法として地方再生というテーマを「住みやすい地方」と設定した。また、この地方再生のための地域づくりは中央からの画一的な押し付けではなく、地域の多様性が求められるとしたところが特徴でもあり、欠点でもある。

2・2　アベノミクスの想定する経済的背景の非現実性と地方創生

アベノミクスの想定する経済的背景とは、新古典派的な経済学であり、経済主体（家計、企業）のすべてが平均的存在なのであり、正規社員と非正規社員の差異もなく、国民は合理的に経済活動に参加する経済主体なのである。

日本経済の海外経済との関係は、一定所与の独立的経済として、貿易構造や貿易収支、金融取引、資本移動が所与の方式で行動するとして機械的に処理されているのである。

経済全体のすべての市場が、競争原理による市場メカニズムが機能するという想定のもとで、市場原理による自動的な調整メカニズムが機能するという「自由放任主義」の思想が背景にあるのである。経済的結果は、自己責任であり、政府の実体経済に対する展望はいっさい皆無なのである。

特に、クロダミクスにおいては、貨幣的現象を重視して、実物経済に対する具体的な政策と展望は皆無であり、将来への展望は個々の経済主体と個々の地方自治体に委ねられているのである。このような教科書的な経済学によって導出される経済政策では、日本経済の本当の問題は解決しないのである。

このような経済学のもとで「デフレ経済」対策が機械的に実行されれば、どれだけ赤字財政政策を続けても、需要創出効果は皆無であり、財政圧迫要因だけが増加し、財政再建の名目としての消費税増税圧力だけが続くことになるのである。

しかももし、アベノミクスの政策が成功すれば、東京一極集中が加速化し、地方経済の衰退・過疎化が進む結果となり、やがては日本経済の衰退と、三大都市圏への人口集中が進むことになるのである。

三大都市圏への人口と産業の集中は、地域の特性を生かした産業の特化のための対策（地方は一村一品運動のように特化）にもかかわらず、人件費と輸送費用の上昇によって、地方経済は衰退し地方消滅の危機の可能性をより現実的なものとなるのである。東京や大阪・名古屋への人や企業の集中、集積の経済による生産性の向上は地価や地代の上昇をもたらし、東京の地価が地方の地価に比べて大きく上昇することで、すでに東京で土地や資産を持つ者とそうでない者との間に大きな資産格差を発生させているのである。

3　最適規模の大都市を目指して

「巨大都市は集積の不経済を伴う可能性をはらんでいる。」と経済協力開発機構（ＯＥＣＤ）はレビューにおいて指摘している(9)。

巨大都市は約７００万人までは大きいほど富裕であることを意味するが、その限度を超えると大都市圏の規模と所得は負の相関関係になるとしているのである。

図４―２は、経済協力開発機構（ＯＥＣＤ）のレビューを説明した図である。横軸に都市の人口規模、縦軸に都市の所得を取ったものである。この図によると、都市の人口規模が増加すればするほど、都市の所得は増加するはずであるが、都市の人口規模が７００万人を越えると都市の所得は低下することが説明されているのである。すなわち、一定の人口規模を越えた巨大都市は、集積の不経済を伴う可能性を孕んでいることを説明しているのである。

「大都市圏は実物資本ストック（企業の機器とビル・インフラ施設のストックの合計）も多く、輸送・通信インフラの賦存状況も勝っている」（ＯＥＣＤのレビュー、p.1）。それゆえに、「集積の経済により、大都市圏は企業のグローバル本社や地域本部を惹き付け、資源の多様な選択肢を提供し、より専門的な企業向けサービスやインフラを結集することができる。このような集積の経済は大都市圏の規模と所得の間に正の相関関係があることで確認される。特に国のＧＤＰの20％以上を結集する大都市の場合はそうである」（ＯＥＣＤのレビュー、p.1)。

図４―２　大都市の規模の不経済性

・経済協力開発機構（OECD）のレビューでは人口が約700万人までは人口規模が大きいほど富裕であることを意味するが，その限度を超えると大都市圏の規模と所得は負の相関関係になるとしている。

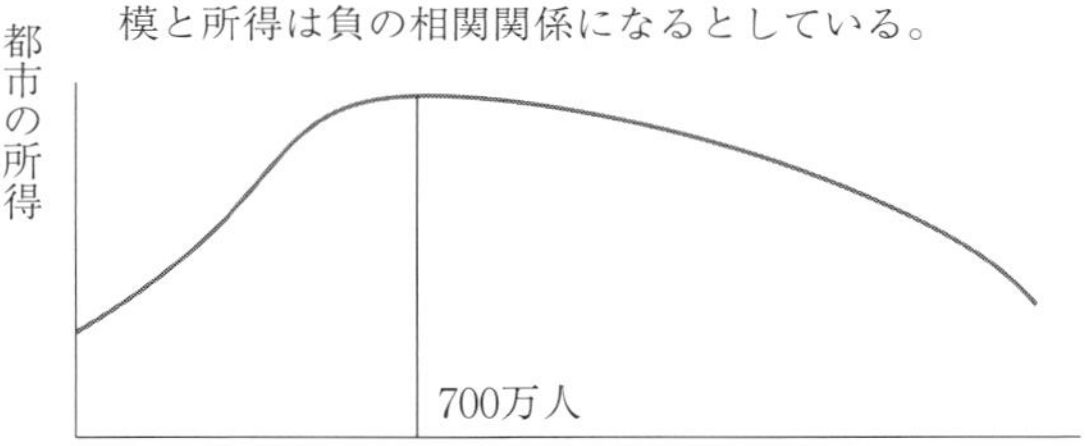

しかし、「大都市は必ずしも成功の同義語ではない。」として、「大都市圏はなかなか解消しない大量の失業者を結集する」。個人の疎外と人間性の欠落は集積の弊害として理解されているが、それ以上の報酬を得ることによって、大都市の人々の経済生活は成り立っているのであるが、同時にそれ以下の報酬しか得られない資産がない人々にとっては貧困の中での生活が強いられているのである。

現代の最先端産業の多くは、規模の経済性を発揮した企業群から成り立っているのである。規模に関して収穫逓増・費用逓減に直面する企業の存在が日本経済と東京・大阪・名古屋の大都市を支えているのである。都市集中のメリットとは、情報の集積であり、人材の集積である。このような効率的経済を実現するためには、ピケティが批判するような地域間・個人間資産格差の拡大が必然的に生じて来たのである。

大都市のこのような経済効率性を回復し、日本経済の活力を保つためには、日本経済における産業の空洞化対策として、日本企業の多国籍化を支える政策が必要なのである。そのためには、規模に関して収穫逓増産業の多国籍企業化・国際化を支え、しかも、国内生産の割合を増加させるための政策が必要なのである。

その具体的な政策が、地方の文化と経済力を維持しながら、地方への企業分散と雇用拡大を助長するための政策としての「地方創生」政策なのである。

3・1　都市の最適規模

図4―3は、横軸に都市の経済活動の規模Y、縦軸に私的費用と社会的費用の合計額としての生産費用Sの大きさを取っている。都市における生産規模は当初、点E_1において最適規模であるが、次第に社会的費用が上昇（社会的費用線がOA線からOB線へシフト）することによって、最適生産規模がE_1からE_2へと減少してきたことが説明される。
今日の大都市の現状は図4―4においてかつての点E_1の状態から、社会的費用のOA線からOB線への上昇を反映して、企業の私的費用も上昇するという「コスト・プッシュ現象」を生み出している状態であり、点E_3へ移動していると考えることができるのである。大都市は、これまでのような規模が大きい経済活動水準において維持される限り、高い生産費用S_3を反映した高い総生産費用問題を解決することは不可能なのである。

図4―3　一極集中の課題　混雑化 ⇒ 社会的費用上昇 ⇒
生産費用上昇 ⇒ 最適規模縮小

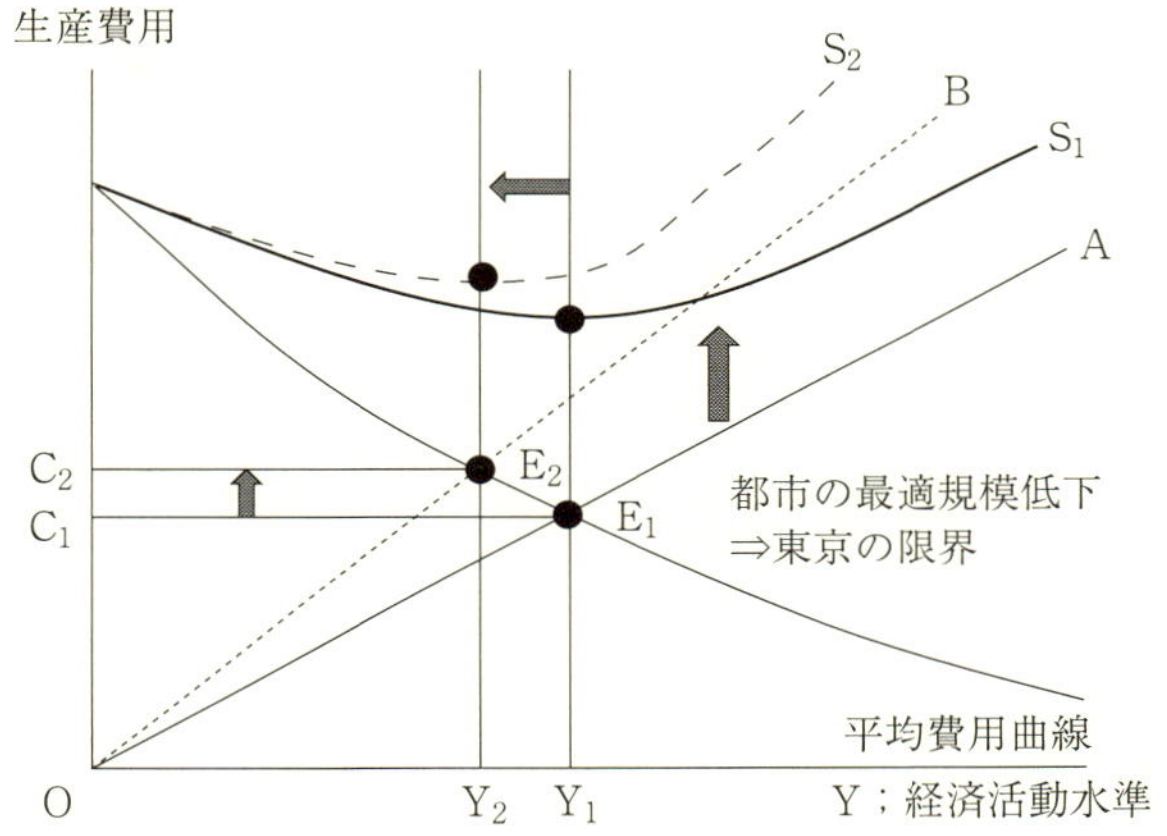

図4―4　一極集中 ⇒ 混雑化 ⇒ 社会的費用上昇 ⇒
生産費用上昇 ⇒ 私的費用上昇

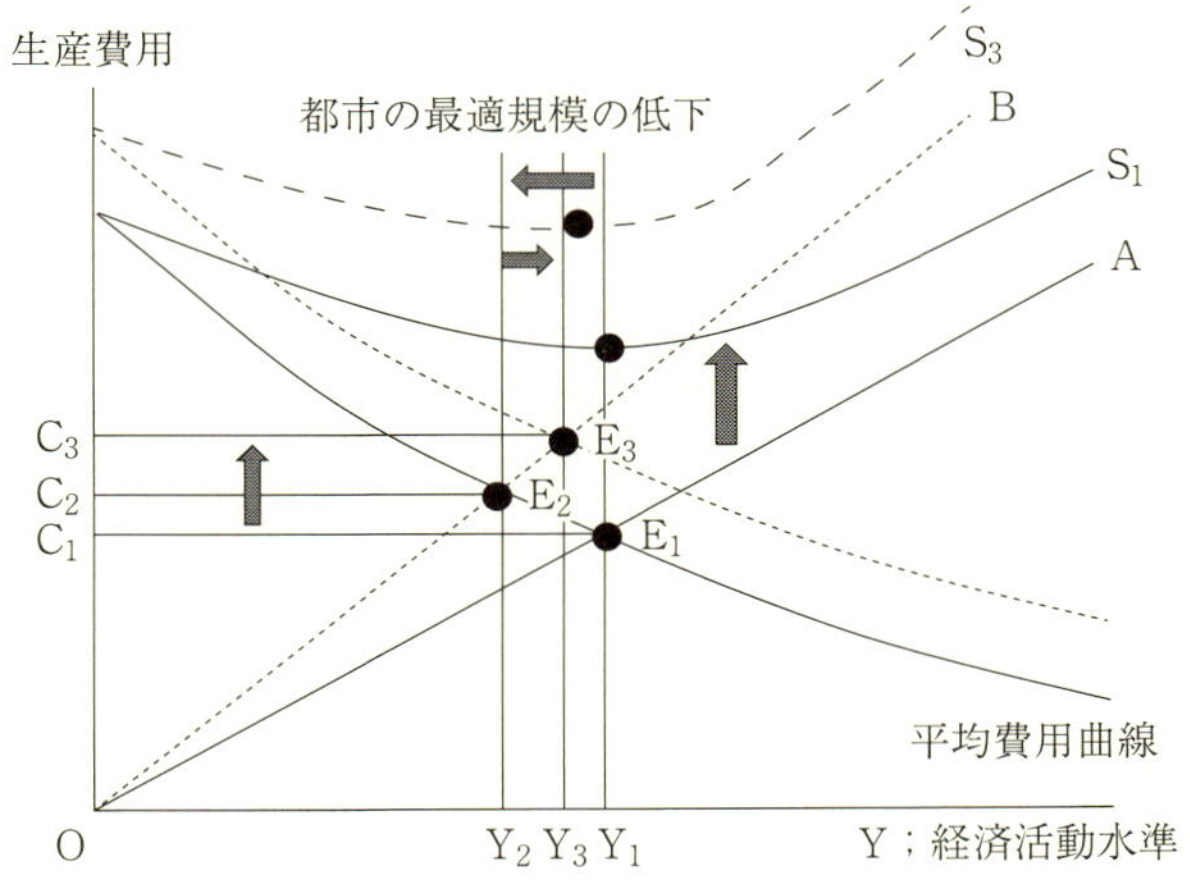

今日の日本経済全体における地域間所得格差の原因は、この私企業の私的費用と社会的費用の総合計としての総費用の地域間格差を反映した所得格差である。このことは、日本経済全体にとっての生産費用上昇の原因となっているのであり、それゆえに日本の国内製造業の国際競争力の低下を導いているのである。

3・2　企業の地域分散の必要性

大都市圏の企業の総生産費用を低下させる方法は、個々の企業における技術進歩による私的費用の低減と国内物流費用の低下による社会的費用の低減を図ることである。また、東京や名古屋の太平洋に面した大都市圏については、南海トラフの地震や津波などの問題も危惧されている(10)。

図4―5においては、社会的費用のOA線からOB線への上昇を背景として、社会資本の間接的な外部経済効果によって、企業が直面する私的費用の低減効果を図ることによって、企業の総費用を低下させながらも、大都市における企業の最適生産規模を低下させることが可能であることを説明している。

3・3　地方創生政策とアベノミクス

このようなアベノミクスの経済政策の補完として提案されたのが、東京・大阪・名古屋の大都市圏の一極集中の負の効果を助けるための「地方創生」政策なのである。すなわち、日

図4—5　地方の生産費用を低下 ⇒ 都市の最適規模を低下 ⇒
都市の効率化を復活させる

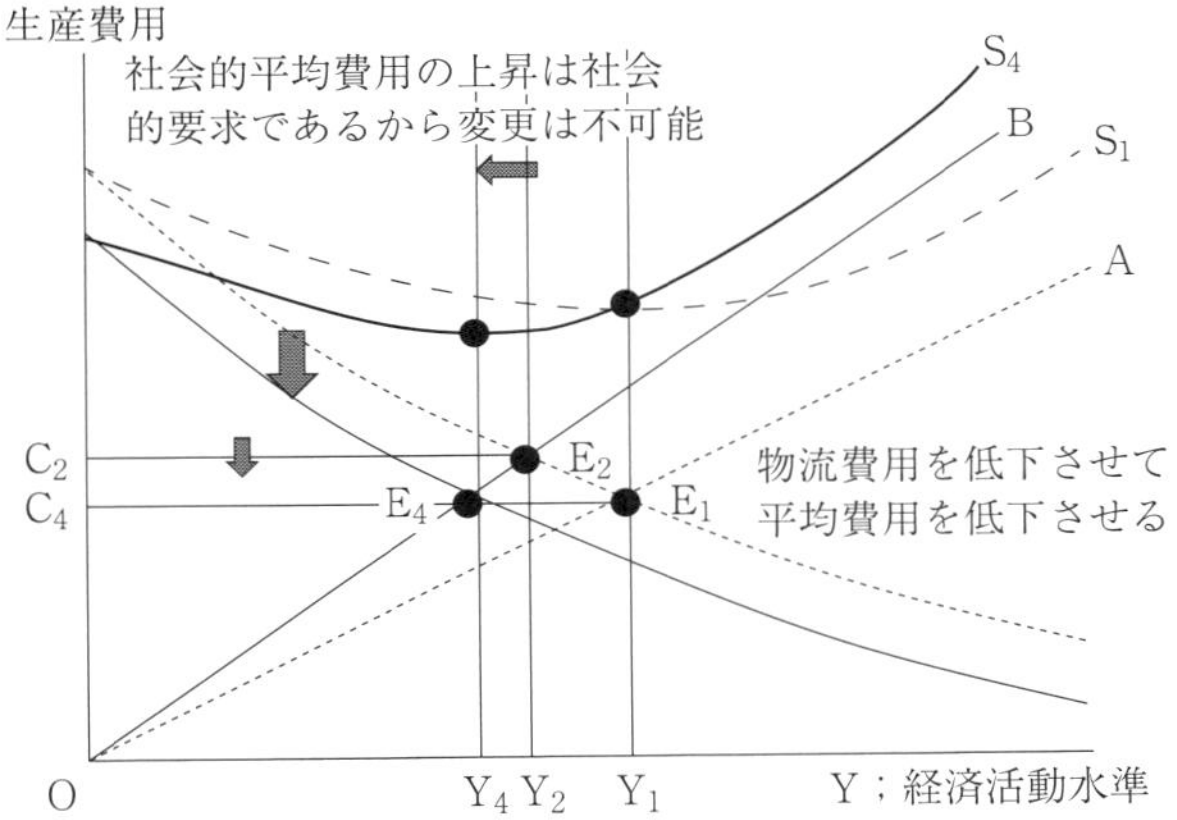

本全国の過密問題と過疎問題という表裏一体の弊害という課題が同時に解消されることが重要なのである。

そのための標語が、「美しく、住みよい、国土作り」、「将来を不安なく、豊かに暮らしていける社会構築」であり、農業生産性の向上と土地利用計画の再検討が必要となっているのである。

一極集中の一人勝ちによって、疲弊しきった東京や大阪市、名古屋市に代わる新しい一極集中のミニ都市を各地域に構築すべきなのである。そのためには、地方に工場を再配置して、交通ネットワークの充実（道路と鉄道）や地方大学の充実が求められているのである。

4　政府累積債務解消政策

今日の日本経済の停滞の原因は、ストック・バランスの不均衡がフロー経済に悪影響を与えていることにある。この意味においては、日本経済は「金融資産と設備などの実物資本ストックの調整問題」に直面しているということができるのである。

ここで、厚生年金積立額として保有されている国債や海外金融資産に対応した額を永久国債と変換すること。同時に、郵便貯金と簡保が保有する国債、あるいはメガバンクが保有している国債を、同様に永久国債に変換することによって、政府に利子支払いだけを義務化することによって、毎年の財政余剰資金の公共事業への運用が図れるのである。

この余剰金の一部を建設的な社会資本の構築に充てることによって、国内企業の生産性を上昇させ、生産費用の低減効果を期待することが可能となるのである。すなわち、積極的な財政政策を実現することが可能となるのである。

特に、物流新幹線構想の資金として線路の整備と物流センターの建設に対する投資を行うことによって、政府の租税収入は増加し、やがて永久国債の償還という方法によって、政府の累積債務問題を最終的に解消することが可能となるのである。

地方創生問題の本質

前節までに見てきたように、かつて大都市は集中のメリット（規模の経済性）を発揮すると考えられていた。しかしこの「規模の経済性（規模に関して収穫逓増・規模に関して費用逓減）」は、今日の大都会においては混雑現象や移動時間と移動費用の増加による経済的デメリットとなって現れ、同時に個人間所得格差や地域間格差拡大の原因ともなっているのである。

今日においては、範囲の経済性が重要であり、集積の経済性は個人の疎外と人間性の欠落をもたらして「集積の弊害」となっているのである。

安倍政権のもとでの「地方創生」とは、都市の過密と地方の過疎の弊害を同時的解消することが主眼である。すなわち、東京・大阪・名古屋の大都市圏の一極集中を助けるために地方創生が必要な時代が到来しているのである。

5　地方創生モデル

これまでの議論をより具体的な政策議論として展開するために、地方創生モデルを構築して議論を行う。

地方創生モデルとして地方財と都市財の二部門モデルを想定する。ここで、地方財とは、大都市と比較して相対的に伝統的な地方の市町村において構成される産業が生み出す財・サービスという定義である。この地方財のイメージとしては、より農業部門の性格が強い産業や伝統的な地場産業、あるいは、規模の小さな製造業やサービス業を含む結合財である。

また、都市財とは、東京・大阪・名古屋のような大都市において構成される産業が生み出す財・サービスである。都市財のイメージとしては、銀行や証券・保険などの金融機関やIT関連の大企業が経営する製造業や、農業産品を加工する食料関連産業、そして、各種のサービス産業を中心とした財・サービス等の結合財である。

生産可能性曲線

ある地域の資源量を労働N_0と資本K_0として、それぞれ短期においては一定量が賦存量として与えられていると仮定する。ここで、N_XをX財産業（地域材）の雇用量、N_YをY財産業の雇用量（都市財）、K_XをX財産業の資本量、K_YをY財産業の資本量とすると、資源制約条件は次の（4・1）式と（4・2）式のように定式化される。

$$N_X + N_Y = N_0 \quad (4\cdot1)$$

$$K_X + K_Y = K_0 \quad (4\cdot2)$$

ここで、（4・1）式と（4・2）式の等号は、労働市場の完全雇用と資本市場の完全利用状態を表している。

各産業の生産関数を、次の（4・3）式と（4・4）式のように定義する。

$$X = F(N_X, K_X) \quad (4 \cdot 3)$$

$$Y = G(N_Y, K_Y) \quad (4 \cdot 4)$$

ここで、FとGはそれぞれの産業の生産関数である。いま、P_XをX財の価格、P_YをY財の価格とすると、（4・5）式は国民所得の大きさYを表している。

$$Y = P_X X + P_Y Y \quad (4 \cdot 5)$$

次に、Wを名目賃金率、Rを資本の名目レンタルプライスとして、各産業の利潤極大条件を仮定すると、次の（4・6）式と（4・7）式、（4・8）式、（4・9）式が成立する。

$$P_X F_{NX}(N_X, K_X) = W \quad (4 \cdot 6)$$

$$P_X F_{KX}(N_X, K_X) = R \quad (4 \cdot 7)$$

$$P_Y G_{NY}(N_Y, K_Y) = W \quad (4 \cdot 8)$$

$$P_Y G_{KY}(N_Y, K_Y) = R \quad (4 \cdot 9)$$

この（4・6）式と（4・7）式、（4・8）式、（4・9）式より、次の要素価格比率（$\frac{w}{r}$）と技術的限界代替率（MRTS）が等しいという（4・10）式の関係が成立する。

$$\frac{W}{R}=\frac{w}{r}=\frac{W_{NX}}{F_{KX}}\left(=-\left.\frac{dK}{dL}\right|_{X}=MRTS_{X}\right)=\frac{W_{NY}}{F_{KY}}\left(=-\left.\frac{dK}{dL}\right|_{Y}=MRTS_{Y}\right) \qquad (4・10)$$

市場と技術の条件が所与であり、労働Lと資本Kの賦存量が所与である短期において、要素価格比率とに産業間の技術的限界代替率が等しくなるような生産要素配分の軌跡を取ると、図4―6のAEB線のように生産可能性曲線（生産フロンティア・カーブ）を導出することができる。ここで、横軸に地方財の量X、縦軸に都市財の量Yとして描かれている。

また、曲線U_0は、次の（4・11）式で、この地域の効用関数から社会的無差別曲線Uが、（4・5）式で国民所得の大きさに対応する効用水準U_0を表している。

$$U=U(X, Y) \qquad (4・11)$$

図による説明

X財産業（地方財）の価格をP_X、Y財産業（都市財）の価格をP_Yとすると、地域にとっての交易条件pは、移入量の移出量に対する比率として表されるから、$\frac{P_X}{P_Y}$として定義することができる。ここで、交易条件は全国の市場で決定されるために一定所与であると考えるこ

図4―6　域内経済の均衡

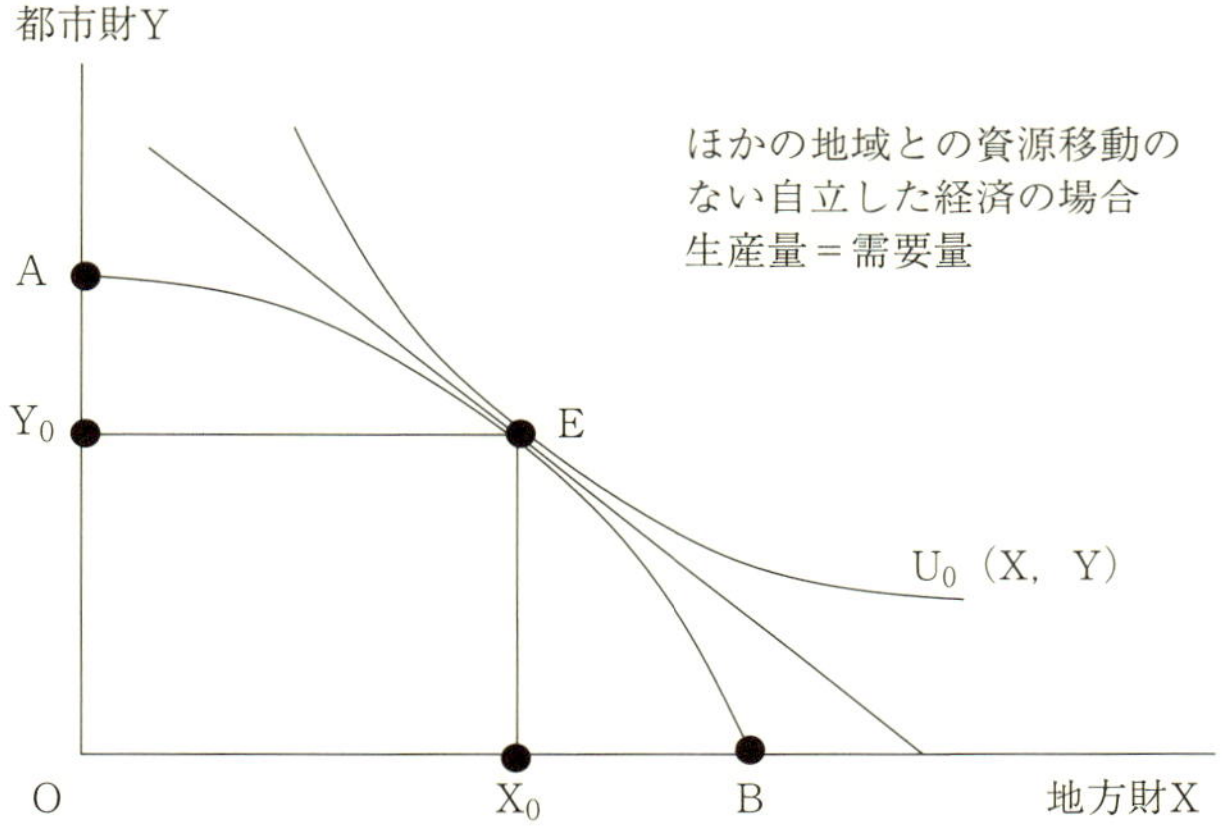

とができる。

この地域がほかの地域との資源移動も交易もなく、自給自足経済であると想定すると、図4―6のように生産可能性曲線AEB線と効用水準を表す社会的無差別曲線U_0が接している点E（X_0、Y_0）において市場均衡が達成され、この地域内の生産量と消費量がX_0とY_0と、それぞれの財市場において等しいことが説明される。

地方経済のケース

この地域が地方の経済を表している場合には、所与の交易条件の下で地域財を移出し、都市財を輸入する地域であるから、図4―7のように説明することができる。

ここで、図4―7におけるCD線は交易条件線であり、DFの幅はこの地域からほかの地域への地方財の移出量を、FCの幅はこの地域の他地域からの都市財の移入量を表している。こ

図４―７　域内外との取引

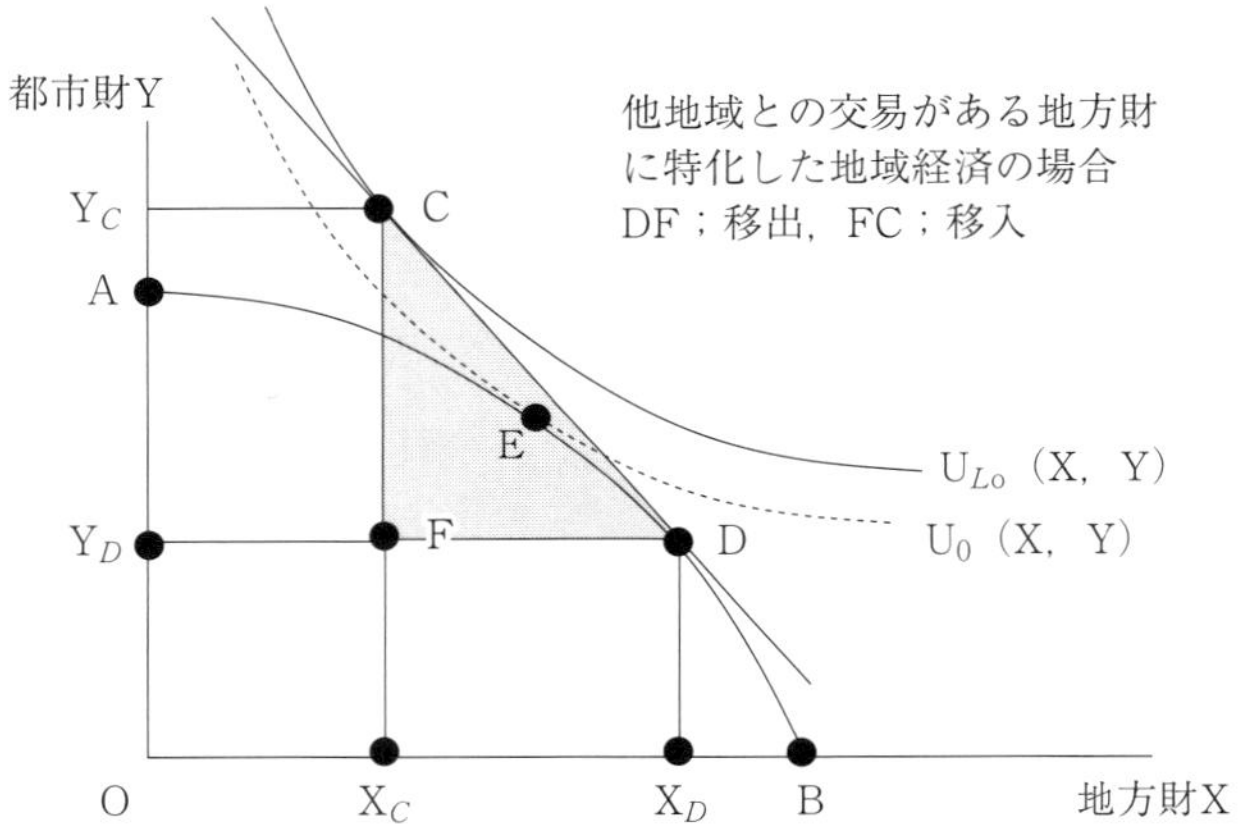

の地域の効用水準を表す点Cは、効用水準がU_{L0}であり、当然であるが、ほかの地域との交易がないという意味で、自給自足経済の均衡点Eの効用水準U_0よりも高い効用水準の状態であることがわかる。

大都市のケース

この地域が相対的に地域の中心的な都市部としての役割を果たしている地域である場合には、都市財を移出し、地方財を輸入する地域であるから、図４―８のように説明することができる。

ここで、図４―８におけるＤＣ線は交易条件線であり、ＤＦの幅はこの地域からの都市財の移出量を、ＦＣの幅はこの地域の他地域からの地方財の移入量を表している。この地域の効用水準点Ｃは、効用水準がU_{M0}であり、当然であるが、自給自足経済の均衡点Ｅの効用水準U_0より

図4—8　域内外との取引

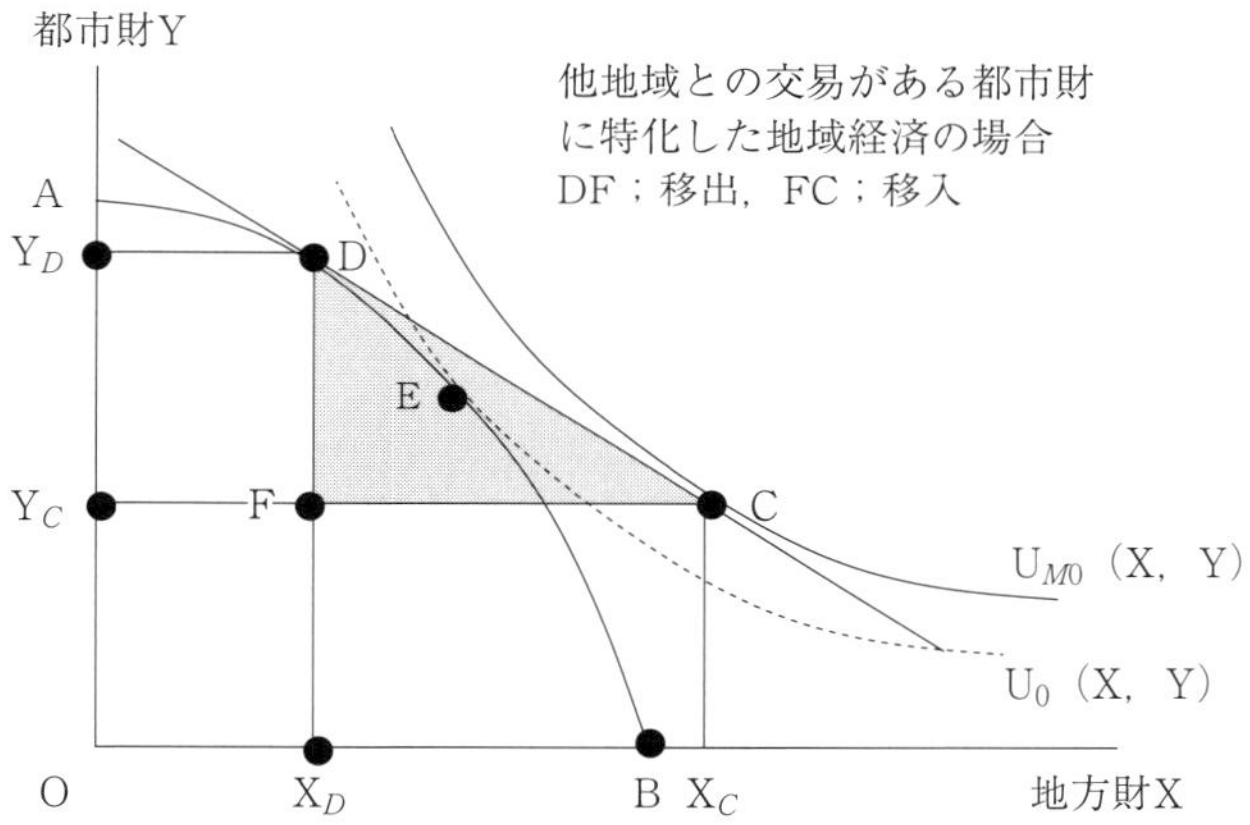

も高い効用水準の状態であることがわかる。

ベッドタウン化した地域の交易状態

地方財に特化した地域は、地方財生産活動に適したインフラ投資の歴史的結果として、近代的な産業にとっては必要なインフラが不十分であることから、雇用機会が少ないために、都市化と人口の増加とともに多くの労働者が都市部門において雇用機会を得ていると考えることができる。すなわち、このような地域は昼間人口の減少地帯であると考えることができるために、ベッドタウン化している可能性が高い地域である。

このような意味でベッドタウン化した地域の交易は、この地域の生産可能量以上の所得を稼いでいるという意味で、移入超過となることが図4—9のように説明されるのである。

図4—9のような地域経済においては、DF_1の

図4—9　地方財に特化したベッドタウン化した地域

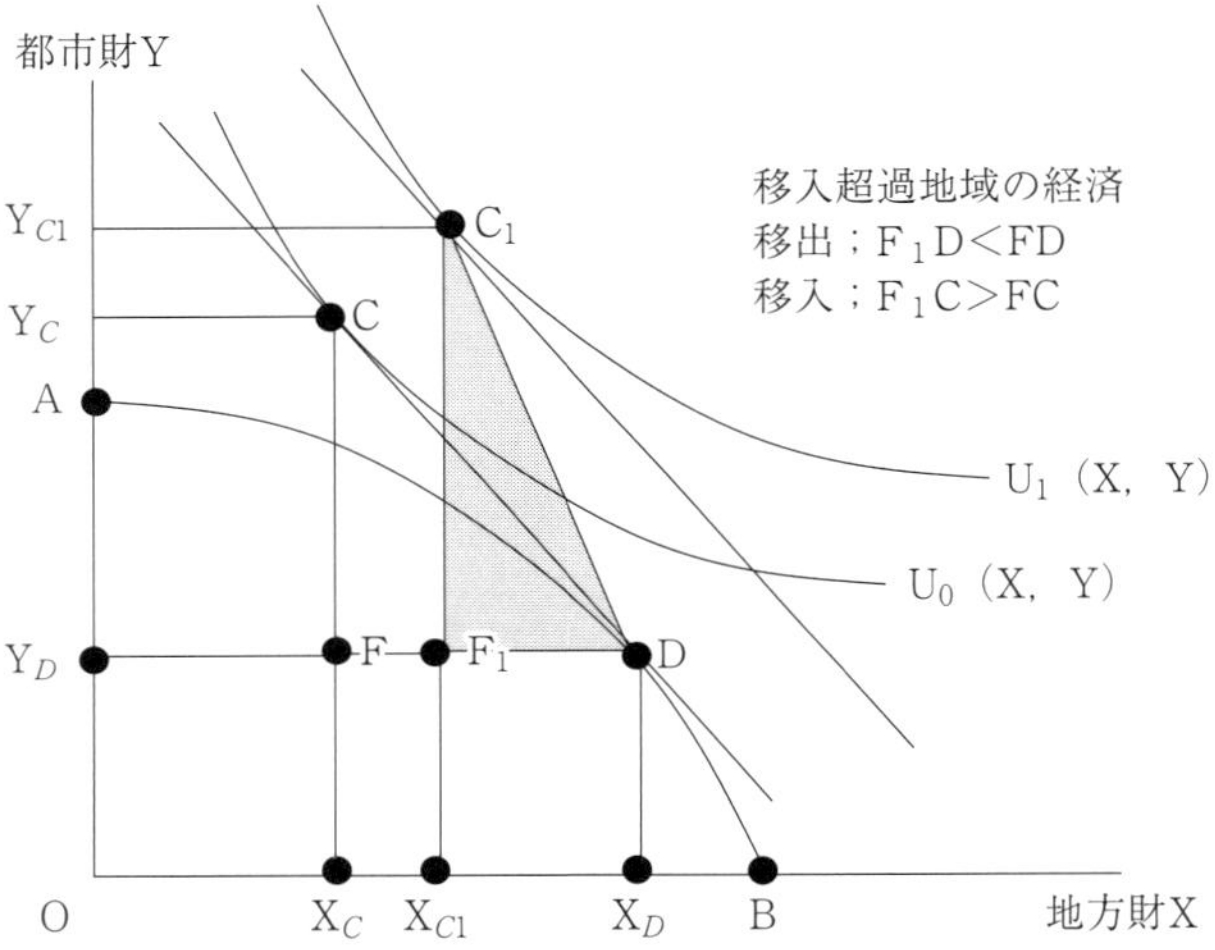

幅が移出量であり、F_1C_1の幅が移入量である。

ベッドタウン化により生産可能量以上の所得を他地域から稼いでいるために、移出量が少なく、移入が多い経済であることが説明される。このような経済においては、自給自足状態の効用水準点Eよりも高い効用水準が実現されているのである。

都市化した地域の交易状態

都市財に特化した地域は、都市財生産活動のためのインフラ投資に歴史的な結果として、一定の産業に特化しているために雇用機会が多く、都市化の進展と人口の増加とともに多くの労働者がこの都市地域において雇用機会を得ていると考えることができる。すなわち、昼間人口の増加地域であると考えることができる地域である。

図4―10　都市財に特化した地域経済の極となった地域

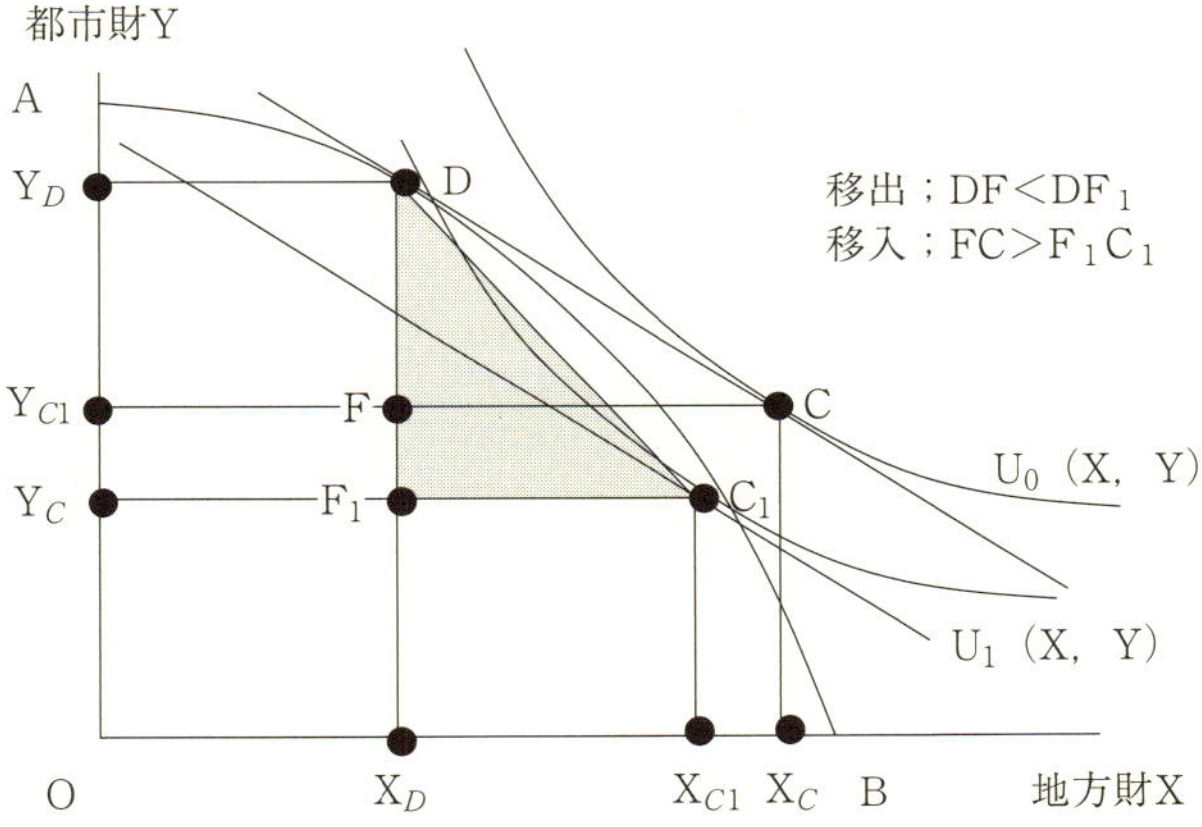

このような意味で都市化した地域の交易は、この地域の生産所得の一部が労働力流出地域へ分配されることから、生産可能量以下の所得を稼いでいるという意味で、移出超過となることが図4―10のように説明されるのである。

図4―10のような地域経済においては、DF_1の幅が移出量であり、F_1C_1の幅が移入量である。都市化により生産可能量以下の所得を他地域が稼いでいるために、中間の労働力流入がない場合と比較して移出量が多く、移入が少ない経済であることが説明される。ここで、中心地域としての移出超過地域は、周辺地域との関係では、受身の政策となる可能性があるのである。

6　地方創生政策の意味と地方創生のための戦略

地方創生政策による地域経済活性化とは、①ベッドタウン化した地域が、自立経済地域圏を構築するという意味で、移入超過地域から移入を減少させるために地方経済に都市財・Y財産業を拡大させるという政策であると理解して「移入代替型開発計画」を行うべきなのか、あるいは、②本来の地域経済に特有な地方財・X財産業をより拡大させるという「移出拡大型開発計画」としての政策なのかという意味で、２つの地方創生政策があると考えられる(11)。

6・1　移入代替型開発計画としての地方創生：Y財産業の拡大

地方財に比較優位を持つ地域が、産業政策などによって、都市財産業の拡大を模索する地方創生政策の場合には、図4―11のように生産フロンティア・カーブは、都市財・Y財方向への拡大によって表される。この政策の結果として、この地域の効用水準は上昇するが、移出量も移入量も減少することが説明されるのである。このような都市部門の発展は周辺地域にとっては負の経済効果をもたらす結果となる。この場合はこの地域の地方創生政策の他地域への経済効果は、交易の縮小を反映して負となる。すなわち、短期的には中間人口の減少、長期的には労働力の都市部への流失を伴う結果となるのである。

図4―11　地方創生　ベッドタウン・移入超過地域から自立圏への模索＝移入代替型開発

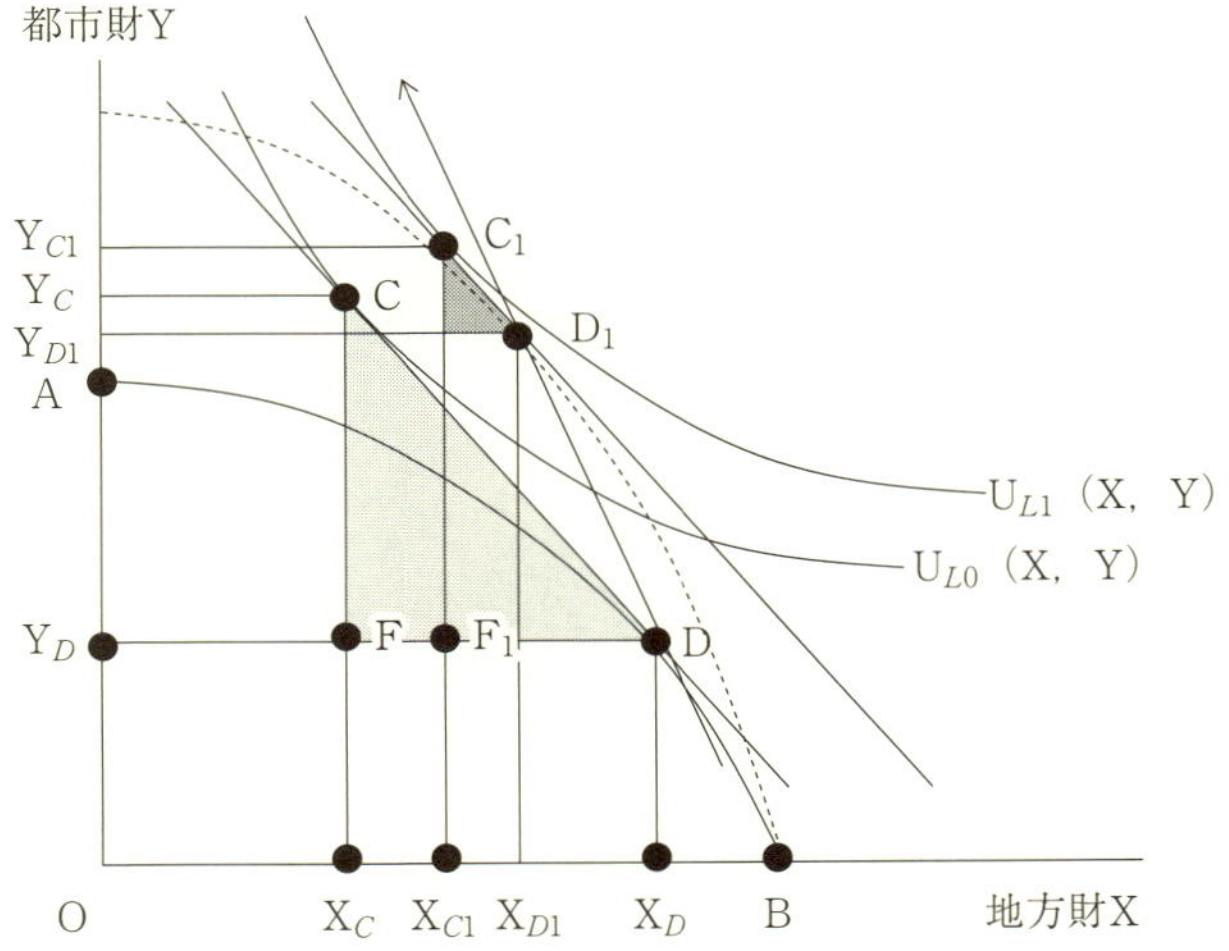

ここで、DD_1線は、交易条件が所与の下でのこの地域の生産点の移動を表しており、「リプチンスキーライン」と呼ばれ、「移入代替型開発」の場合の生産点の移動の軌跡を説明している。

6・2　移出産業発展型の開発戦略としての地方創生

地方財に比較優位を持つ地域が、戦略的な産業政策などによって、地域財産業の拡大を模索するような地方創生政策の場合には、図4―12のように生産フロンティア・カーブは地方財・X財方向への拡大によって表される。この政策の結果として、この地域の効用水準はU_{L0}からU_{L2}へ上昇するが、同時に、移出量も移入量も増加することが説明されるのである。この場合は、交易の拡大を反映して他地

図4―12　ベッドタウンのまま雇用・住民増加・移入超過拡大＝移出産業発展型開発

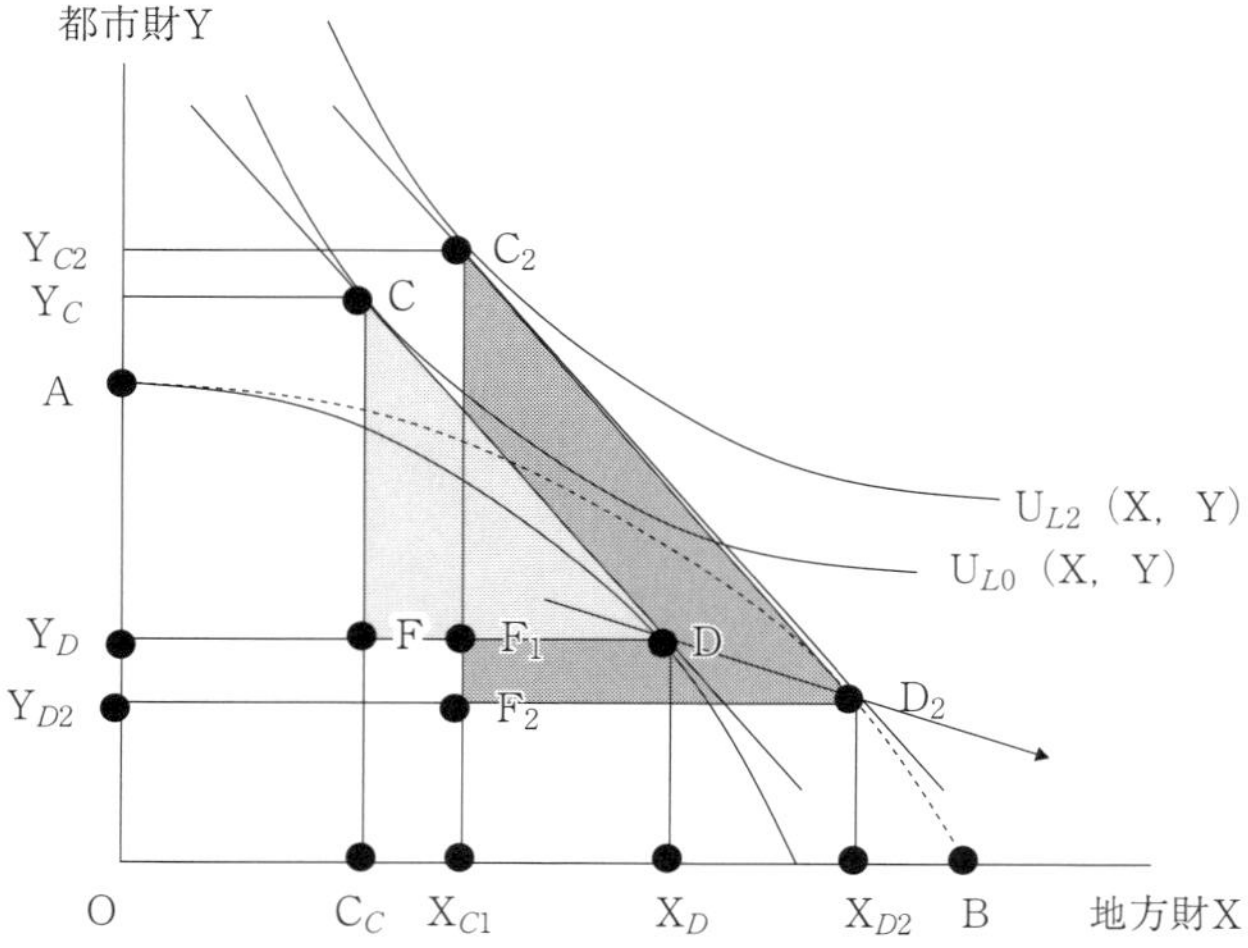

域への経済効果は正となる。

ここで、DD_2線は、交易条件が所与の下での生産点の移動を表しており、「リプチンスキーライン」と呼ばれる線であり、「移出産業発展型開発」の場合の生産点の移動の軌跡を説明している。

地方創生と地域経済の発展

このように「移出産業発展型開発」を継続的に実行した場合は、この地域の産業の特化を反映して、図4―13のように、生産の均衡点は点Dから点D_1、点D_2へと移動し、消費点は点Cから点C_1、点C_2へと移動するために、効用水準はU_{L0}からU_{L1}、U_{L2}へと上昇する。

この図4―13のように生産点がリプチンスキーライン上に右下に移動するために、交易は拡大し続け、経済全体の経済

図4—13　移出産業発展型開発

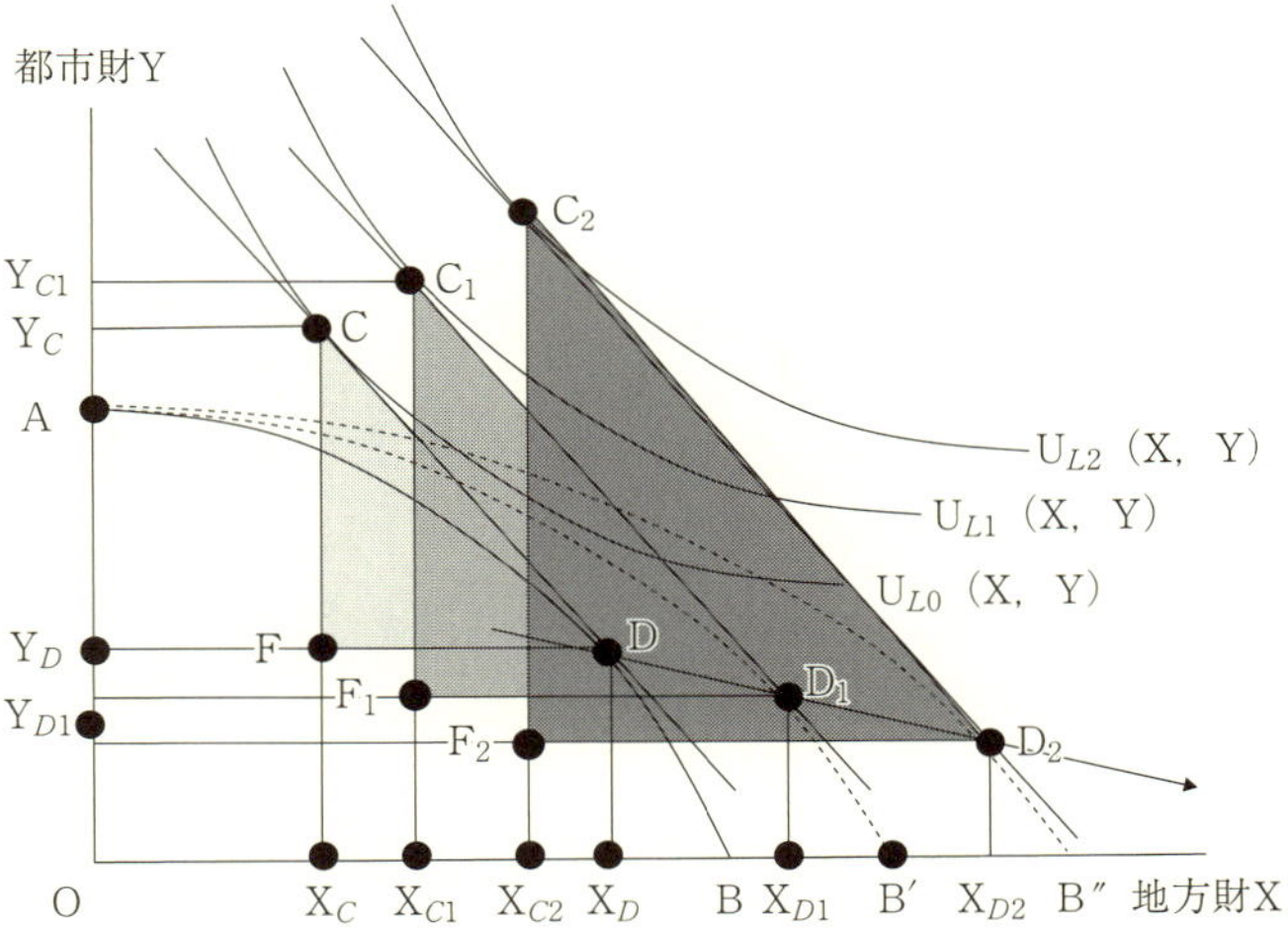

拡大効果も持続することが説明されるのである。

地方創生とバランスのとれた地域経済の発展戦略

地域の均整のとれた経済発展と地域の整合性の採れた経済発展のためには、地域の産業が特化するだけではなく、移入代替産業の拡大も必要である。図4—14はこのような意味でバランスのとれた発展戦略を説明している。

この地域の産業の特化と移入代替財の拡大を反映して、図4—14のように、生産の均衡点は点Dから点D_1、点D_3へと移動し、消費点は点Cから点C_1、点C_3へと移動するために、効用水準はU_{L0}からU_{L1}、U_{L3}へと上昇する。

D_3F_3の幅は地方財の移出量であり、F_3C_3

図４―14　移出産業発展型開発

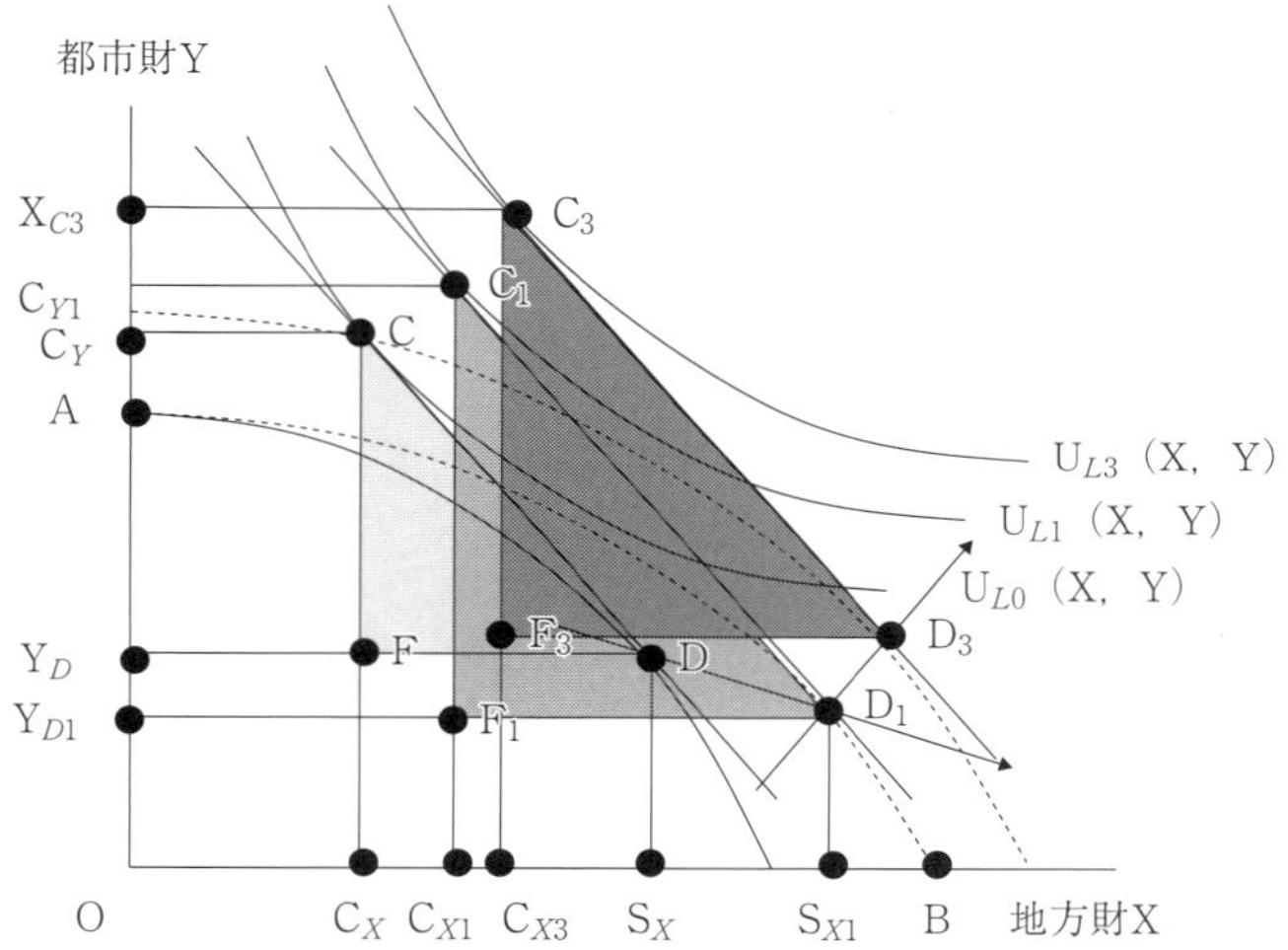

の幅は都市財の移入量である。

この図４―14のように地域の産業が特化することによって生産点はリプチンスキーライン上に右下に移動するために、交易は拡大する。しかし、移入代替産業の拡大も反映して、生産点はリプチンスキーライン上に右上に移動するために、経済の拡大効果も持続することが説明されるのである。

7　一極集中のメリットと限界

一方通行の利益供与は、勝者と敗者を生み出すものであり、これが東京の限界である。非正規社員を増加させ、地方からの輸血に支えられた東京の限界なのである。地方経済に支えられてきた東京は、地方と連携することから本来の許される範囲の利益を得るべきなのである。

地方の人々の生活は自然との共生の中で、地域と地域の連携で成り立っていた。海と山との間には、「塩の道」や「川の道」(12)があり、海岸の集落と集落の間には「海の道」があった。三内丸山遺跡で発見された糸魚川の翡翠は、越前の糸魚川と三内丸山遺跡との間に「海路」の交易があった証拠として説明された。津軽の「ハイヤ節」や「アイヤ節」や「おはら節」のように天草の「牛深ハイヤ節」が北前船の交易の跡として各地の民謡に変形して、湊と湊の生活とともに残って交易の跡をとどめているのである。地域と地域の特産物が船によって運ばれて地域経済の発展の源となっていたのである。このような海による交易の利益が「金持ちの水呑百姓」(13)を生んだのである。それは、リスクを採る人々が利益を得るシステムである。

人々は自然と共生しながら交易を行っていたのである。人と自然はお互いの交流の中から互いに高めあい共存共栄を果たしていた。しかし、今日、人々は自然から奪い、自然を弱体化して、やがては、自然からの反逆として、自然からの恵みを枯渇させようとしているのである。「地方創生の課題」は、自然との共生が再認識されなければならない時代であることを十分に認識しなければならないのである。

【注】

（1）内閣府特命担当大臣（地方創生担当）も新設され、石破茂が地方創生担当大臣に任命されている。

（2）「地方創生をめぐる現状認識〈直近の状況を踏まえ記述〉」として、「①人口減少の現状⇓人口の減少幅は年々拡大。平成26年の合計特殊出生率1・42となり、9年ぶり低下。年間出生数も過去最低の100万3、539人。②東京一極集中の傾向⇓東京圏へ約11万人の転入増加（前年比約1万3千人増）、東京一極集中傾向が加速化。③地域経済の現状⇓有効求人倍率や賃金、就業者数など雇用面で改善も、消費の回復が大都市圏で先行するなど地域間でばらつき。地方を中心に人手不足が顕在化。」をあげている。

（3）「人口減少と地域経済縮小の克服」として、①「東京一極集中」の是正、②若い世代の就労・結婚・子育ての希望を実現、③地域の特性に即して地域課題を解決の基本的視点から課題に対して一体的に取り組む。

（4）合計特殊出生率とは、1人の女性が生涯に何人の子どもを産むのかを推計した値である。

（5）1人の女性が生涯に何人の子どもを産むべきかという個人的な問題を経済政策のテーマとして選択することに違和感を持つ次第である。

（6）この効果は特に3・11復興計画が遅れている東北三県において顕著である。

（7）「まち・ひと・しごとの創生と好循環の確立」のための4つの「政策の基本目標」として、【基本目標①】地方における安定した雇用を創出する。【基本目標②】地方への新しいひとの流れをつくる。【基本目標③】若い世代の結婚・出産・子育ての希望をかなえる。【基本目標④】時代に合った地域をつくり、安心なくらしを守るとともに、地域と地域を連携する。

（8）「地方創生版・三本の矢」として、①情報支援の矢（地域経済分析システム（RESAS）開発、日本版DMOへの情報支援、RESASの普及促進）、②人的支援の矢（地方創生リーダーの育成・普及、地方創生コンシェルジュ、地方創生人材支援制度）、③財政支援の矢（地方創生の深化のための交付金、地方創生関連補助金等の見直し、地方財政措置、税制）をあげている。

（9）OECD Territorial Reviews Competitive Cities in the Global Economy Summary in Japanese（OECDテリトリアル・レビュー、「グローバル経済における都市の競争力」日本語要約。

（10）首都圏は歴史的に見て大地震（南関東直下地震）が起きる可能性が非常に高く、今後30年以内に発生する確率が70％とされていたが、東北地方太平洋沖地震によって誘発される危険性が高まったとされている。首都圏がある南関東はプレートの境界線に位置するため房総沖や相模沖（関東地震）など巨大地震の巣窟となっているのである。

（11）地方創生政策が、移入代替型開発であるとする場合は、日本経済の縮小につながる政策である。

（12）川の上流域と中流域、あるいは下流域との間を河川の舟運が結んだのである。このような川の道を分断したのはダムであり、堰《せき》の建設である。川の道を維持しながら、川の環境も守り、ダムの存在も否定しない方法は、河川の本線でのダム建設は止めて、支水における揚水発電ダム建設である。

（13）網野氏によると「水呑百姓とは貧しい農家を指すのではなく、農地に縛られない必ずしも農民ではない階層を指す」と説明されるのである。

第5章
物流新幹線構想

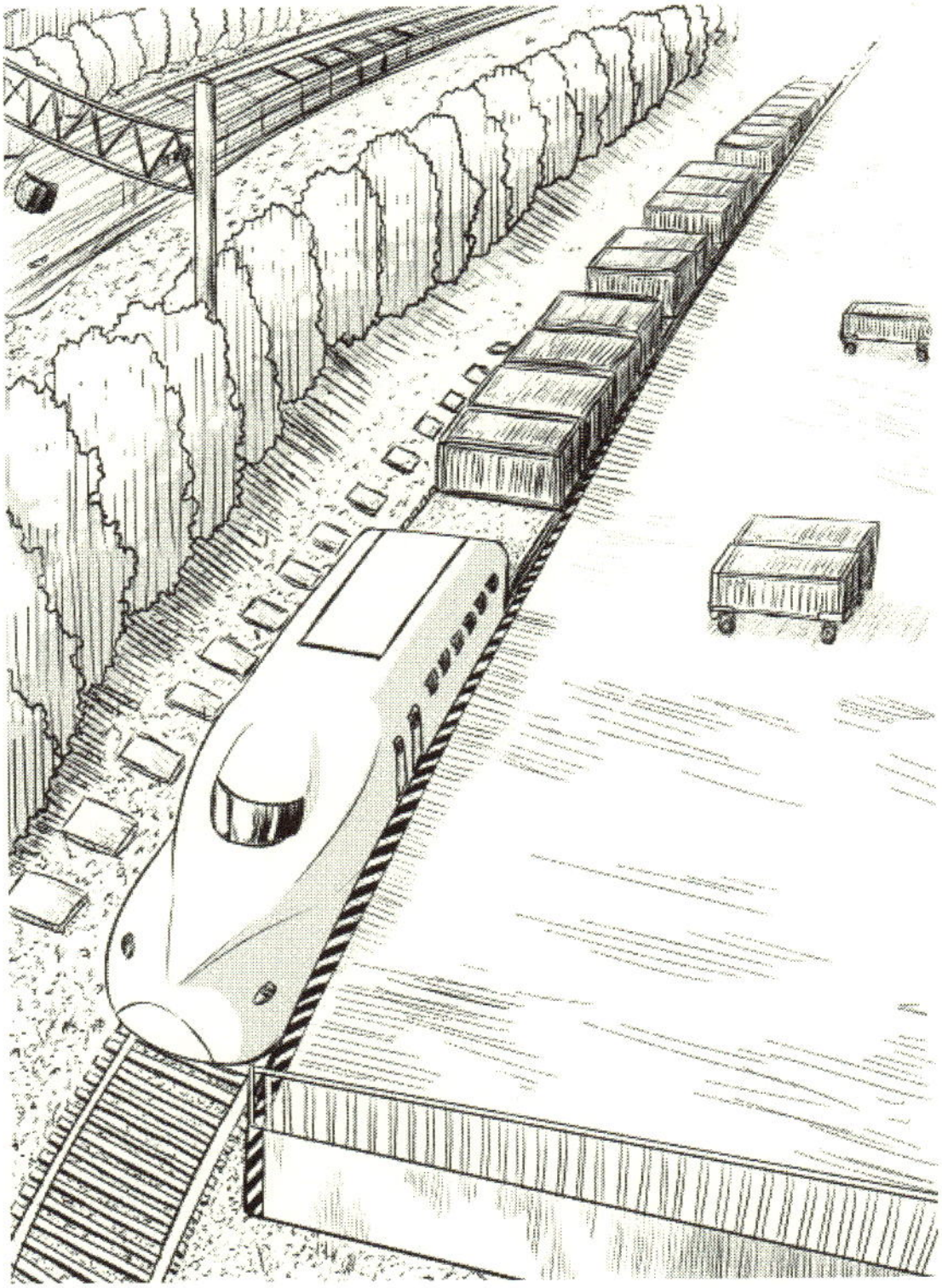

東海道新幹線計画は、本来、「物流新幹線構想」であった。この「物流新幹線構想」は日本経済の本質的構造改革の基本であることを説明する。

新幹線計画とは、本来、超特急旅客列車だけを走らせる構想ではなく、高速輸送貨物列車を走らせる構想でもあったということである。時速150km／h～200km／hの高速貨物輸送が日本列島を縦横に走るという物流新幹線構想である。このことは、昭和45年の国鉄の計画書にも記されている(1)。

新幹線は、本来、長距離旅客輸送と長距離貨物を中心に考えられていたのである。しかし、建設費用が嵩んでいたためにとりあえず物流機能としての側面を断念し、旅客輸送だけでスタートすることになったのである。その後、国鉄分割民営化になったためにこのような計画は「沙汰止み」となったのである(2)。もし、国鉄分割がなかったならば、あるいは、郵政民営化のように業態別の水平分割であったならば、新幹線物流の実現によって日本経済の物流は、今日、省エネ体質となっており、国内の物流コストは今日の状態よりもより低い水準で効率的に推移していたであろうと考えられるのである。国鉄分割民営化とは分割された地域間の流通システム破壊であり、地方都市と東京との「絆」の破壊であったのである(3)。

国鉄分割民営化のメリットはJR大手3社（JR東旅客株式会社、JR東海旅客株式会社、JR西旅客株式会社）の経営黒字化である。同時に、見捨てられた4社（JR北海道旅客株式会社、JR四国旅客株式会社、JR九州旅客株式会社、JR貨物株式会社）の経営問題は今なお残された問題である。

新幹線ルートを保有するＪＲ各社は、収益性の高い新幹線の路線にだけ投資を行い、在来線への改善努力は収益性の高いところを優先して、収益性の低いところは怠ってきたのである。長距離旅客輸送の無視と同時に赤字ローカル線軽視の経営なのである。

このような状況のもとで鉄道旅客と鉄道貨物輸送を両立させて、新幹線物流構想を実現させるためには次のような政策が必要である。ＪＲ各社を上下分離して、ハードは国有とし、鉄道を経営するソフトはこれまで通り民営化（ＪＲ）のままとする(4)。国富としてのハードの使用料の負担は必要である。そして、全国新幹線網を在来線と競合しないように再構築するべきなのである。

物流新幹線により、利益は増大するであろう。将来は国債の一部の肩代わりが可能となるであろう。

地域格差をなくし、日本経済が再生するために、この新幹線貨物列車を「物流新幹線」として、全国フル規格の新幹線網の線路として、日本中で走らせるべきなのである。

1　物流新幹線構想

ここで、提唱する「物流新幹線構想」とは、著者が長年主張してきた日本経済再生のための経済構造改革の方策である(5)。

物流新幹線構想の特徴の1つは、夜間新幹線物流である。夜間の余剰電気を利用した無人運転(6)の新幹線貨物列車の運行による輸送費用は、現在のトラック輸送の費用と比較すると10分の1〜20分の1の費用で都市間、地域間の貨物輸送を実現することを可能にするのである。輸送費用低下は商品価格低下に繋がり、日本企業の国際競争力の強化につながるのである(7)。

1・1 夜間電気の利用

夜間は電気の需要量が少ないために発電量が少ないのであって、余剰電力があるわけではないという反論がある。正しくは、原子力発電所や火力発電所の炉の火は24時間消されることはなく、水を温めて蒸気をつくっているので沸騰水は24時間発電可能な状態にある。しかし、夜間には電気需要が少ないために蒸気をタービンに当てて発電をしていないのであり、必要に応じて昼間の電気量と同じ量の発電量は可能であり、これを余剰電力と定義しているのである。夜間にこの電気を十分に利用すれば、今までとほぼ同じエネルギー使用量でより多くの電気を利用することが可能となるのである。この余剰電気を利用することによって資源の無駄使いは減り、電力会社は費用のわずかな増加によってより多くの収入増加を実現することができるのである。

節電のように電気の需要を減らすのではなく、電気の需要パターンの一部を昼間から夜間に変更するだけで十分に過剰発電力に対応する需要を生み出すことができるのである(8)。

図5―1　夏季最大ピーク日の需要カーブ推計（全体）

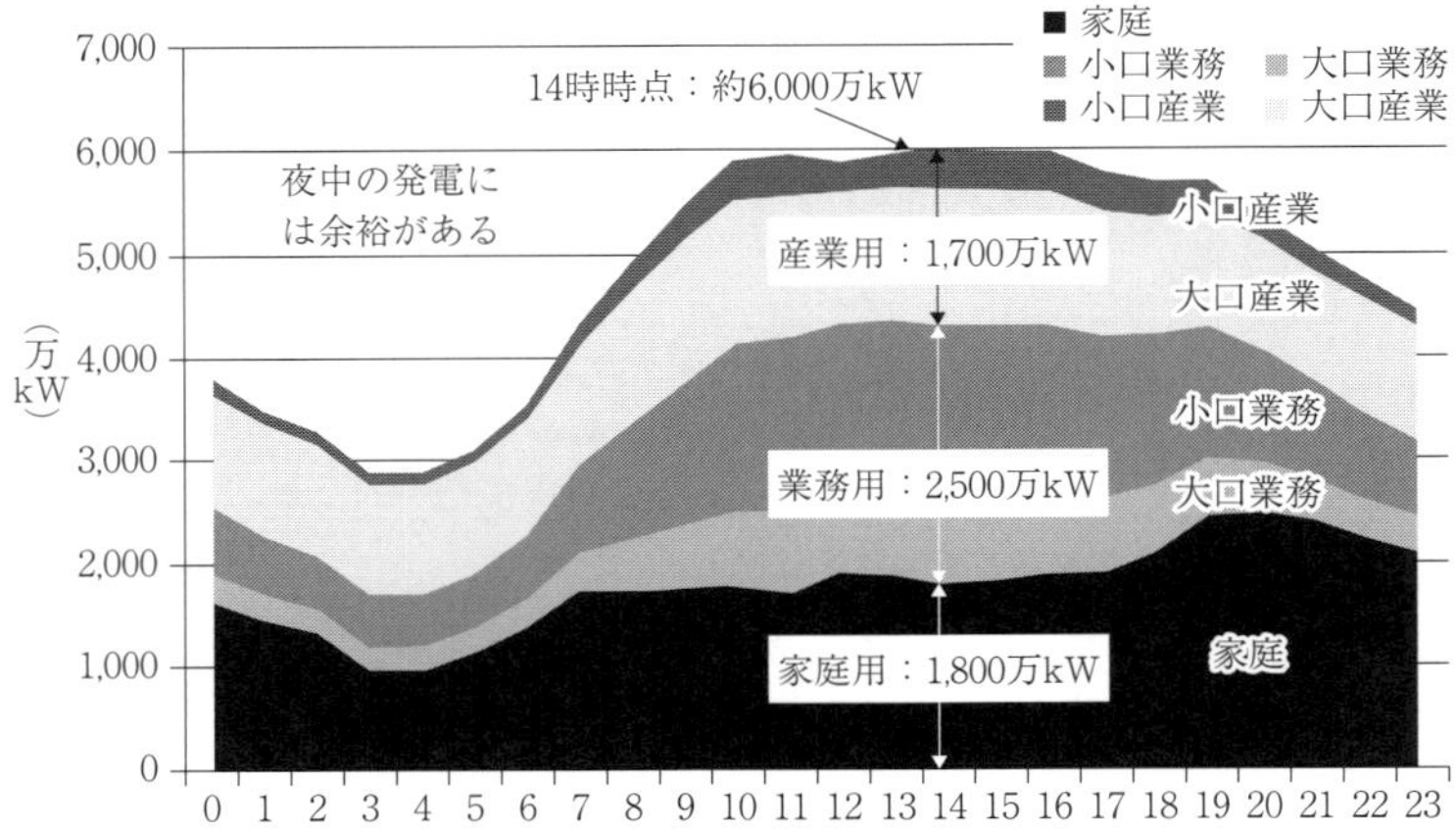

注1：送電ロス分約10％を含む。
注2：ここで「14時」とは，14〜15時の平均値を指す。以下同じ。
（出所）平成23年5月　資源エネルギー庁資料。

このような夜間電気の利用促進によって、石油資源の効率的な運用を行うことが可能となり、資源の節約が実現するのである。さらには、発電コストは若干の増加にとどまるために、昼間の電気代は安くなる可能性が十分にあるのである。このように、電気の需要パターンを変更し、石油資源の使用方法を変えることによって、より効率的な電気需要と電気供給が実現可能となるのである。

夜間時間帯の活用とは、夜間余剰電力の活用であり、図5―1は夏期最大ピーク日の電気需要カーブ推計である。新幹線が止まっている0時から6時頃までは、電気需要量は半分程度の低い水準に減少している。この時間帯に物流新幹線を集中的に走らせることによって、昼間のトラック輸送による枯渇性資源の浪費を防ぎ、昼間時間帯の電気需要を減少させることができれば、経済全体のエネルギー節約の観点からも、二酸化炭素排出量減少のためにも重要な産業構造変換政策となるのである。

物流新幹線導入によって、夜間電気を効率的に利用する物流システムに変え、それに対応した産業構造を構築するべきなのである。トラック輸送の場合の夜中の居眠り運転や長距離ドライブによる運転手の過大な疲労、エンジンをかけたままで仮眠をとるエネルギーの無駄遣いを考えるならば、夜間の「物流新幹線」が重要な代替輸送手段となることは当然なのである。

このような重要な課題解決を阻止しているのは、国鉄分割民営という旅客鉄道中心の国鉄民営化の結果なのである。それは、ＪＲ貨物会社が自前の線路を保有しないこと、そして、ＪＲ各社が長距離輸送に対応できない運輸業者となってしまっていることにあるのである。

1・2　夜間物流新幹線

物流新幹線構想とは、「昼間の新幹線物流構想」と「夜間新幹線物流構想」がセットである。夜間物流とは、上述のように社会的には限界費用ゼロで夜間発電可能な電気を利用して、2～4時間程度の枠で、新幹線物流を実現することが可能である(9)。昼間物流は、大都市と地方中核都市の周辺に拠点物流基地を構築し、新幹線貨物を走行させることによって実現可能なのである。また、同時にこだま型の短い車両には貨物列車・荷物列車を連結し、

16両編成ののぞみと同じ程度の長さ400メートル程度の編成として各駅での追い越し線のホームにおいて、荷物の上げ下ろしを可能にすることができるのである。

このようにして長距離輸送のウェイトをトラック輸送から鉄道輸送にシフトさせることによって、長距離トラック輸送を減少させ、新幹線物流によって枯渇性資源の浪費を減少させることが可能となるのである。また、夜間の余剰電気を利用することによって日本経済全体の輸送部門が消費するエネルギー需要量を減少させることが可能となる政策である(10)。

日本経済がさらに成長する場合には、このような政策によって節約された石油資源で火力発電を行うことが可能となるのである(11)。原子力発電所への依存率を次第に低下させ、将来的には原子力発電所を廃止することが可能となるであろう。

1・3 地方の物流拠点建設構想

各県に点在する利用率の低い地方空港を改造して、在来線の鉄道網と道路網をリンクした地域の物流拠点として再開発することによって、物流新幹線網とリンクすることによって長距離貨物輸送と近距離貨物輸送との連携を強化することが可能となり、効率的な流通団地と工業団地を形成することが可能となるのである。

物流新幹線によって長距離輸送を行い、在来鉄道と高速道路によって中距離輸送を行い、一般道路網によって短距離輸送を行うことによってトラック輸送はより効率的な分野として存続することが可能となるのである。

大都市と比較して、物価が相対的に安価な、それゆえに相対的に賃金費用も低い水準で抑えられている全国の地方に、このような物流拠点と流通団地を建設しその周辺に工業団地を建設することによって、地方の雇用量と人口増加政策が実現可能となるのである。このような政策は、地域間の生活費用格差を利用した地域経済開発である。

生活費用の差異と賃金格差を利活用した地方への企業誘致によって、地方経済における企業化のチャンスを拡大するのである。国内の物流費用の低減政策こそが経済全体の機能分担を実現するのである。

日本経済全体の物流改革のための社会資本建設は、「地方創生政策」の中心的な役割を果たすものである。地方での雇用の増加は都市部の非正規社員の解消政策としても効果が期待される実現可能な政策である。大都市にとどまる非正規社員の地方へのUターン、Jターン、Iターンによって地方経済は活性化して、経済全体の雇用促進政策が実現し、副次的には結婚するカップルの増加とそれゆえに少子化対策ともなると期待されるのである。

このような地域開発政策によって、企業の地方分散が進み、日本経済全体にとって均質な経済開発と人口の分散化が進み、結果としての「地方創生」が実現するのである。

三大都市圏への人口集中を解消する方法は、地域産業の特化による比較優位構造の構築である。全国的な規模において物流新幹線構想を実現することによって、国内の物流費用を低下させ、生活費と人件費が相対的に安価な地方に企業を立地させることによって地方経済の衰退に歯止めをかけて「地方消滅」を防ぐことが可能となるのである。このような企業と人口の地方分散によって大都市の最適規模への収束が実現されるのである。

地方経済においては、企業の再配置を実現することによって、既存の道路と在来の鉄道網による交通ネットワークを充実させることによって、地方経済の再建を進めなければならないのである。

2 トラック輸送と道路網の維持

今日、内外の物流の多くはコンテナ貨物輸送が主流であるが、国内貨物輸送の90％以上は(12)、道路網を利用したトラック輸送である。トラック輸送の速度は50～１００km／h程度であり、トラック台数に相当する以上の運転手の確保が困難になっているために輸送費用の上昇と輸送時間の遅れが顕著になっている。特に、夜間のトラックによる長距離貨物輸送のための人手不足と人件費の高騰は物流業界を悩ませている。トラック輸送を効率的にするためには、高速道路網や一般道路のさらなる延長のための建設工事と整備・維持のための公共投資が必要であり、国土交通省は道路網の維持のための予算不足のために、社会資本としての道路が危険な状態にあると報告している。このような道路輸送環境を維持・改善するためには相当の費用が必要であり、日本政府の財政のみならず、地方政府の財政にとっても大きな負担となっているのである。

2・1　国内貨物輸送の現状

表5―1と図5―2は、日本通運総合研究所が2015年12月に発表した国内貨物に関するデータである。

2015年度の一年間の総輸送量471億7、800万トンのうち、自動車輸送が43億820万トンで全体の91・3パーセントであるのに対して、鉄道輸送は4億3、400万トンであり、日本全体の0・9パーセントのわずかなウェイトでしかないのである。内航海運は、36億5、300万トンであり、全体の7・8％である。しかも、日本経済の停滞を反映して国内貨物の輸送量全体は次第に減少していることがわかる。

2・2　これまでのモーダル・シフトの現状

日本経済の成長のためには、産業の裾野が広く雇用効果が大きい自動車産業の発展が必要であると考えられていた。そして、モータリゼーションの進展とともに全国規模での高速道路網の建設が必要であった。また、個別の貨物をきめ細かく運ぶドア・ツウ・ドアの実現のためには、トラック輸送による物流手段が進化していった。この時代には、同時期に、コンテナ化によって「国際一貫物流」の実現によって、国内物流と国際物流が一元化して効率的な物流システムが構築されていったのである。

このような物流システムを実現するためには、産業用道路や高速道路などの道路建設が必

表5―1　国内貨物輸送量（単位：百万トン）

	2009年度	2010年度	2011年度	2012年度	2013年度	2014年度	2015年度
建設関連貨物を除く輸送量	2, 942. 4	2, 953. 1	2, 952. 2	2, 932. 4	2, 915. 8	2, 880. 9	2, 917. 2
鉄道	43. 3	43. 6	40. 4	42. 3	41. 4	43. 4	43. 4
自動車	4, 454	4, 340. 3	4, 414. 20	4, 417. 90	4, 372. 50	4, 315. 80	4, 308. 20
内航海運	332. 2	364. 3	361	363. 9	357. 3	369. 3	365. 3
国内航空	0. 96	0. 941	0. 896	0. 9	0. 899	0. 929	0. 926

（出所）日通総合研究所「2012・2013・2015年度の経済と貨物輸送の見通し」の表5から作成した，2015年12月。

図5―2　国内貨物輸送量（単位：百万トン）

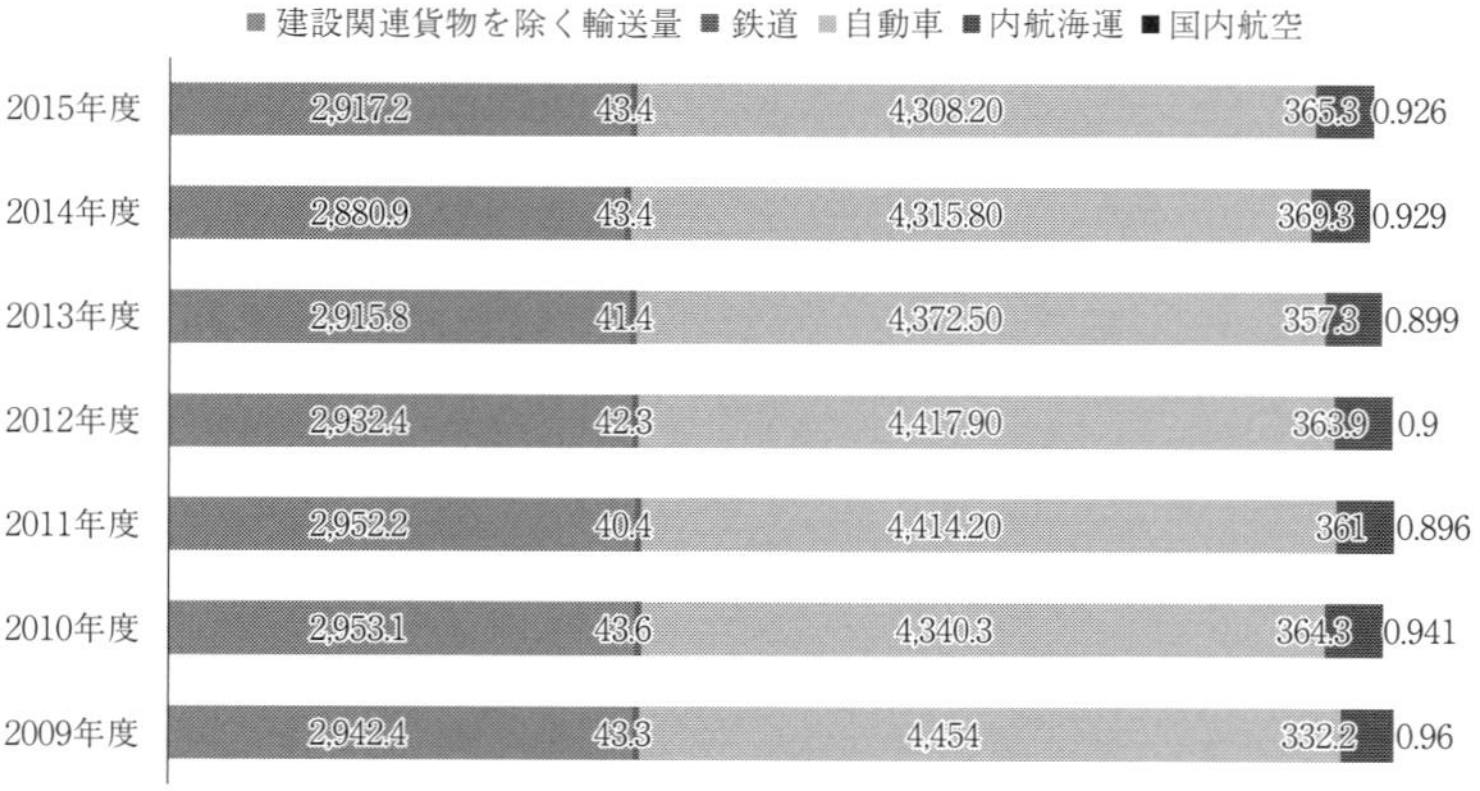

要であり、道路建設とその維持のための費用は、すべて政府による社会資本建設という意味で、国民の税金で賄うことが当然であった。すなわち、短距離トラック輸送だけではなく、長距離トラック輸送においても、社会的費用を個々の輸送会社が負担することはないままに、トラック輸送は安価な物流手段として成長していったのである。

これに対して、鉄道輸送はコンテナ化が遅れ、時間短縮効果が少なく、春闘などの労働問題による労働紛争や踏切事故、自然災害などによる事故の頻発のために定時制・定期性に欠け、効率的ではない輸送手段となってしまったである。鉄道輸送の場合は、一度、踏切事故やトンネル事故等が発生すると、大量の貨物が突然、滞留してしまうのに対して、トラック輸送の場合には、事故に遭遇した車両だけの滞留で済むことがメリットである。

しかも、鉄道輸送の場合は、鉄路の建設費用も操車場や貨物ヤード等の維持費用もすべて鉄道会社の自前の負担であるために、トラック輸送と比較して相対的に利用者に高い費用負担の物流手段となってしまったのである。このようにして、時間短縮効果や定時制・定期性だけではなく、輸送料金競争においても鉄道輸送が敗北することになってしまったのである。このような歴史的な過程を経て日本経済の物流手段としての鉄道輸送は次第に費用の高い非効率的な輸送手段となり、「邪魔もの・無駄なモノ」となっていったのである(13)。

図5―3は、横軸に輸送サービス量（トラックの輸送量X_T、鉄道の輸送量X_R）、縦軸に輸送総費用（トラック輸送の費用C_T、鉄道輸送の費用C_R）を取ったものである。ここで、ＢＩ線はトラック輸送の固定費用FC_Tの大きさを表している。ＡＨ線は鉄道輸送の固定費用FC_Rを表

図5－3　輸送費用

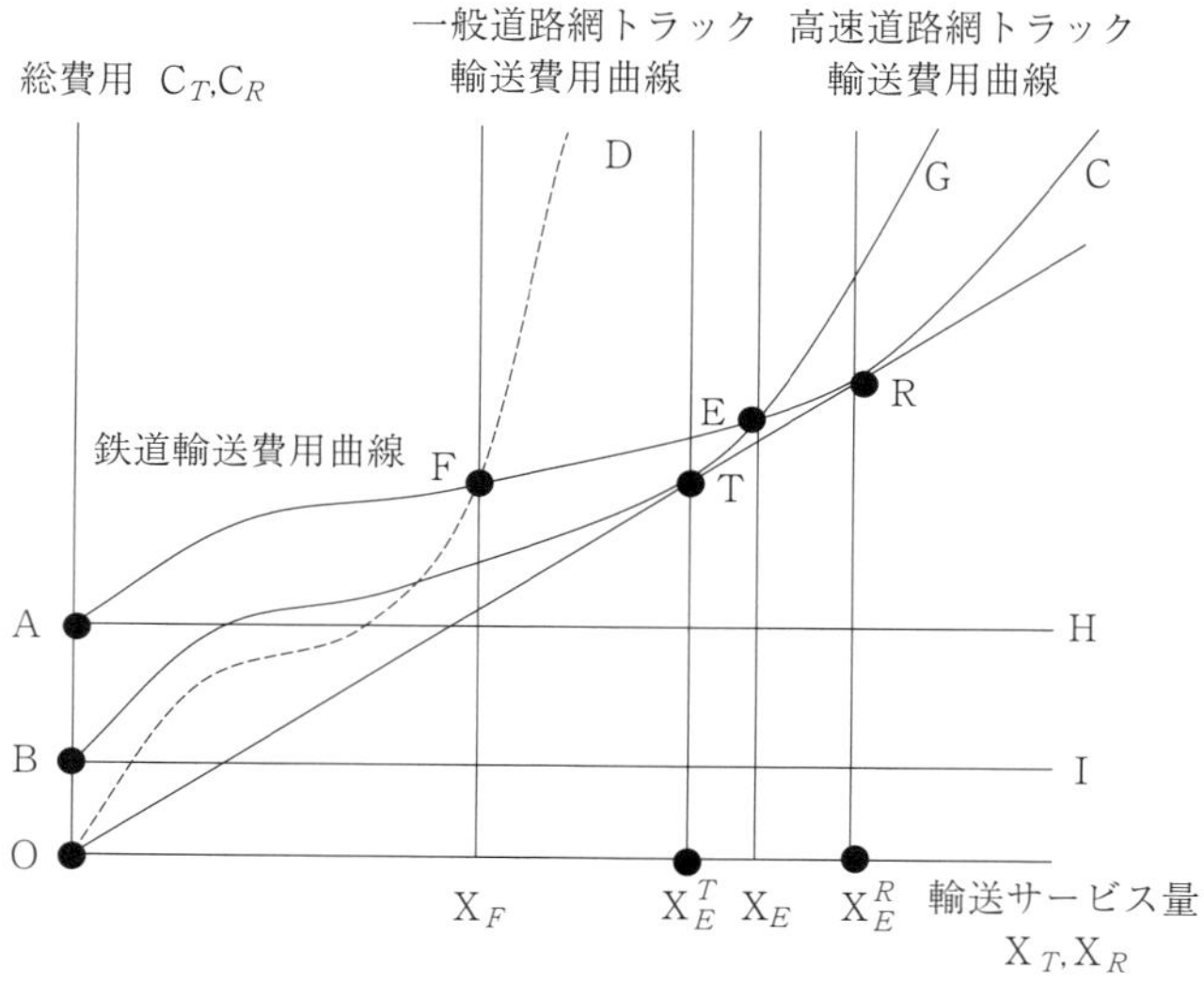

している。トラック輸送の固定費用は道路建設やその維持・補修が行政の費用負担であることを反映して低い水準にあるのに対して、鉄道輸送の場合は線路の建設やその維持・補修のための費用を自社で賄うことを反映して高い固定費用水準になっている。

曲線ＯＦＤは一般道路利用のトラックの輸送費用船を、曲線ＢＴＧは高速道路利用のトラックの輸送費用曲線を表しており、曲線ＡＦＲＣは鉄道の輸送費用曲線を表している。

点Ｔはトラック輸送の費用最小点であり、$0X_E^T$はトラックによる最適供給量である。また、点Ｒは鉄道輸送の費用最小点であり、$0X_E^R$は鉄道による最適サービス供給量である。

日本経済全体の道路事情がまだ不十分

である場合は、トラック輸送と鉄道輸送の境界線は点Fであった。すなわち、この点以内の輸送量に関しては、トラック輸送の費用の方が鉄道輸送の費用よりも低い水準であった。しかし、一般道路の整備と高速道路網が全国的に整備されると、高速道路利用の輸送費用がさらに低下して、点Eにおいて鉄道輸送の総費用と交差するようになった。このとき、点Tがトラック輸送費用の最低点であり、最適輸送量はOX_E^T、点Rは鉄道輸送の費用の最低点であり、最適輸送量はOX_E^Rである。

点Eよりも少ない輸送量については、トラック輸送の方が安価であり、その点を越えると鉄道の方が輸送費は安くなったのである。

2・3 鉄道輸送とトラック輸送の費用格差の原因

鉄道貨物輸送が減少した原因の1つは、トラック輸送の方が鉄道輸送よりも低費用で、速く、定時性が保たれたからである。さらには、鉄道郵便が廃止されてトラック輸送となり、一部の高付加価値財は航空郵便となったのである。トラック輸送となったのは、円高ドル安のトレンドに伴う安価な石油資源輸入という世界環境を背景として、道路輸送が鉄道輸送よりもさらに安くて速い輸送手段となったことが原因である。

鉄道輸送に対してトラック輸送の方が安価となる条件の2つ目は、固定費用の負担の有無である。鉄道が自前の線路を建設し維持しながら運営されることから発生する相応の費用負担が必要であるのに対して、トラック輸送は公的に建設された道路上を建設費用と維持費用の一部を負担することによって走ることが可能であるということである。高速道路の場合でも同様であり政府によって税金で建設された高速道路を一定の利用料金を支払うだけで、すなわち、一定の限界費用の負担だけで、利用することが可能なのである。

鉄道にとって代替輸送手段であるトラック輸送は、日本経済において一般道路・高速道路の建設が進み、トラック業者にとっては道路の建設費用の負担なしで、維持・補修の負担も求められない状態(14)において、鉄道輸送と価格競争することが可能となったのである。

長距離輸送が鉄道輸送からトラック輸送にシフトすることによって、トラック業界は、本来負担すべき道路建設費用と維持・補修費用負担を政府と国民に転嫁し、社会的費用負担を免れたままの状態で個々の企業利益を享受してきたことが説明されるのである。このようにして国民の社会的費用は増大し、企業の負担は減少していたことが説明されるのである。

3 モーダル・シフトの必要性と物流新幹線構想

3・1 物流新幹線構想の意義—省エネ対策・脱原発対策

今日の日本経済において、枯渇性資源をはじめ、資源節約型の経済・産業構造への構築改革が重要である。本章において提案される「物流新幹線構想」は、全国の鉄道の広規格化(フル規格化)と夜間の発電能力を十分に活かした夜間物流新幹線網の構築とによって、高速鉄道輸送によるコスト・ダウンを図り、日本経済における鉄道輸送のウェイトを増加させることを目的とするものである。

すなわち、新幹線を長距離貨物の輸送手段として利用することによって、枯渇資源浪費型・労働集約型のトラック輸送を短距離輸送あるいは中距離輸送に限定的に使用して、日本経済の枯渇性資源の浪費を減らし、少子化後に現れる日本経済の労働力不足に備える準備を提案するものである。この提案は、日本経済が枯渇性資源をより効率的に利用し、経済全体の資源節約効果を大幅に改善しようと提案するものである。この「物流新幹線構想」は日本経済の未来を築くシナリオの基礎であり、日本経済のパラダイム・シフト[15]の提案である。

図5―4は、輸送量当たりの二酸化炭素排出量（g-CO_2／トンキロ）を表したもの[16]である。自家用貨物車1、201g-CO_2／トンキロや営業用貨物車217g-CO_2／トンキロの二酸化炭素排出量は、鉄道25g-CO_2／トンキロや船舶39g-CO_2／トンキロと比較すると極端に多いことが説明される。

図5―5は、輸送人員・距離当たりの二酸化炭素排出量（g-CO_2／人キロ）を表したものである。自家用乗用車が排出する二酸化炭素の量は147g-CO_2／人キロであり、鉄道22g-CO_2／人キロやバス56g-CO_2／人キロと比較した場合に、極端に多いことが説明されるのである。また、航空は103g-CO_2／人キロである。

以上の二酸化炭素排出量から考えて、日本の貨物輸送は自動車輸送に特化しすぎであり、

図５―４　輸送量当たりの二酸化炭素の排出量（貨物）
g-CO_2／トンキロ（2013年度）

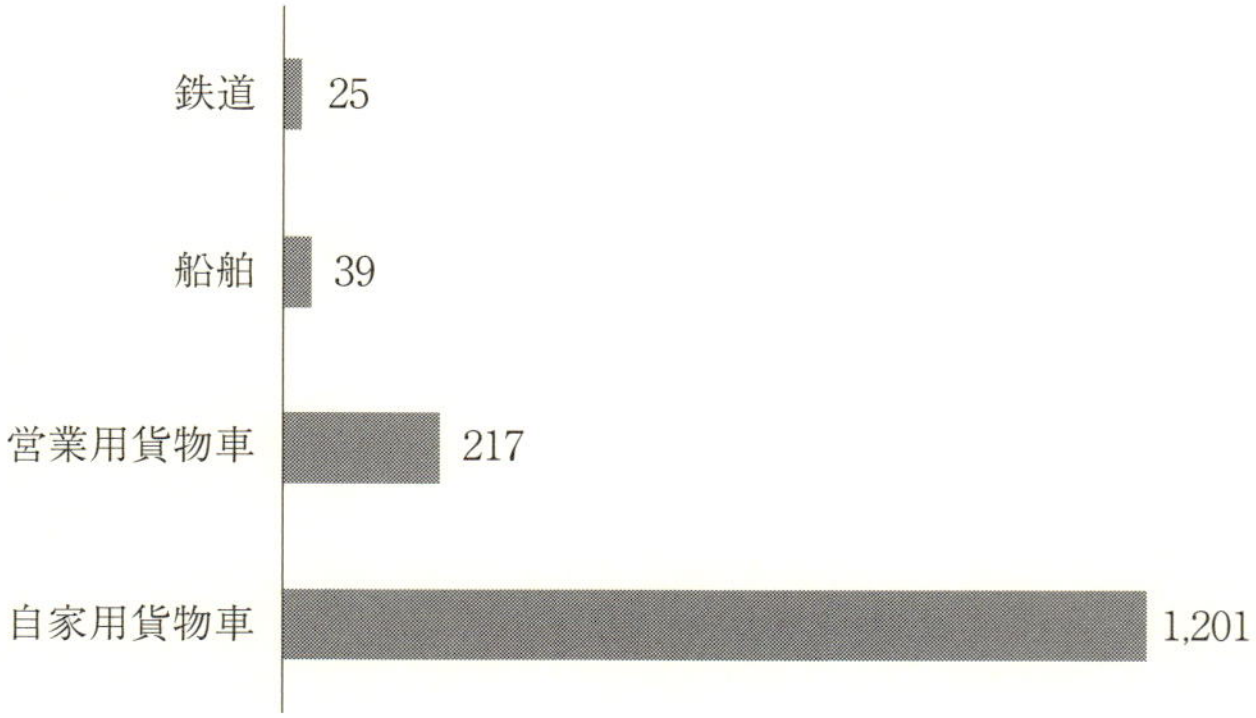

図５―５　輸送人員・距離当たりの二酸化炭素の排出量（乗客）
g-CO_2／人キロ（2013年度）

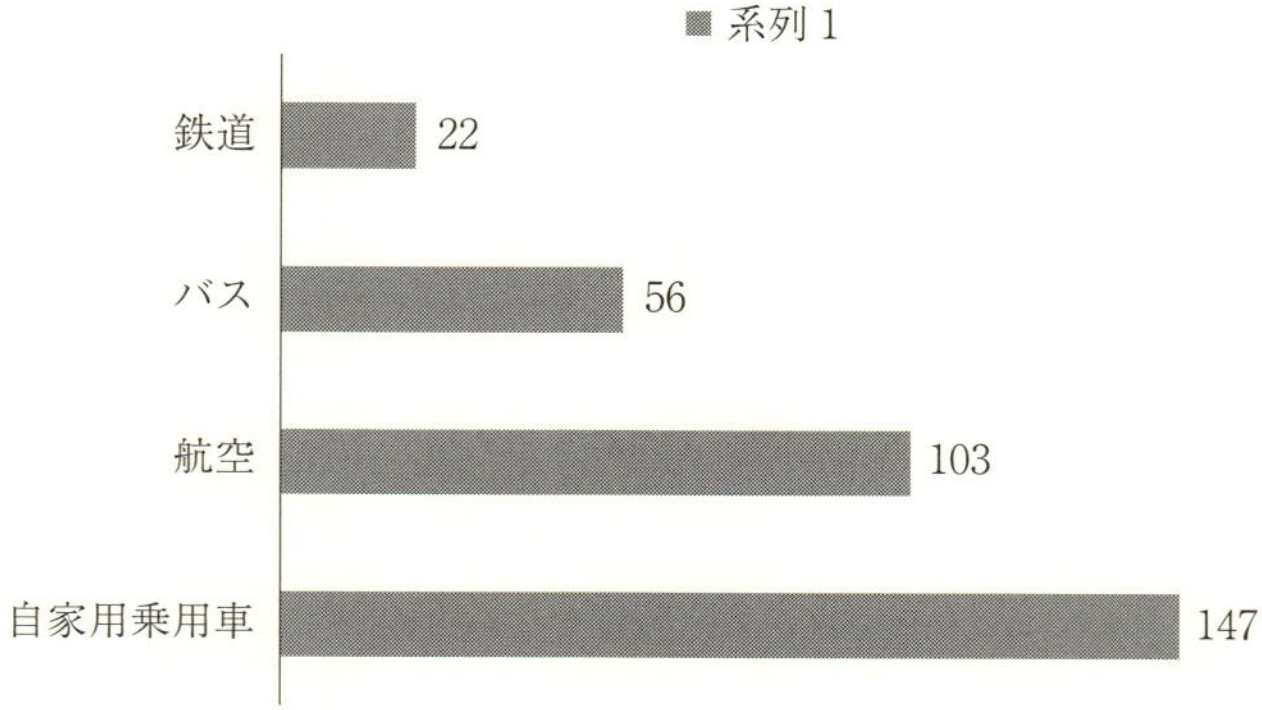

その分枯渇性資源の無駄遣いが生じていることがわかる。今日は、環境問題や石油資源の希少化の時代である。だからこそ日本経済は鉄道輸送にモーダル・シフトすべき時代なのである。

石油・天然ガス等の枯渇性資源多使用型の高速道路と自動車による輸送手段に頼るのではなく、トラック輸送を短距離輸送に限定的に利用し、燃料効率のよい鉄道輸送と船舶による長距離輸送を頻繁に利用することが重要である。

4 社会資本としての鉄道

戦前の日本において国鉄は、鉄道や運輸行政を管轄した国家行政機関の1つとしての鉄道省であった。1920年5月15日に設置され、1943年11月1日に運輸通信省に改組された。日本国有鉄道は、国営事業として運輸省鉄道総局が行っていた日本の国営鉄道事業を行政官庁から引き継ぎ、国有鉄道を独立採算制で経営することを目的に1949（昭和24）年6月1日に発足した国の公共企業体である。

国鉄分割民営化直前の1987（昭和62）年3月31日時点では、新幹線と在来線併せて総延長19,639キロメートルの鉄道路線を持ち、30局の鉄道管理局と総局で運営していた。そのほかに、鉄道に関連する船舶事業（航路延長132キロメートル）、自動車（バス）事業（路線延長11,739キロメートル）などの経営を行っていた。当時国鉄は巨大な物流会社

図5—6　社会的費用負担と最適生産規模

トラック輸送は社会的費用負担が大きい

鉄道輸送は社会的費用負担が少ない

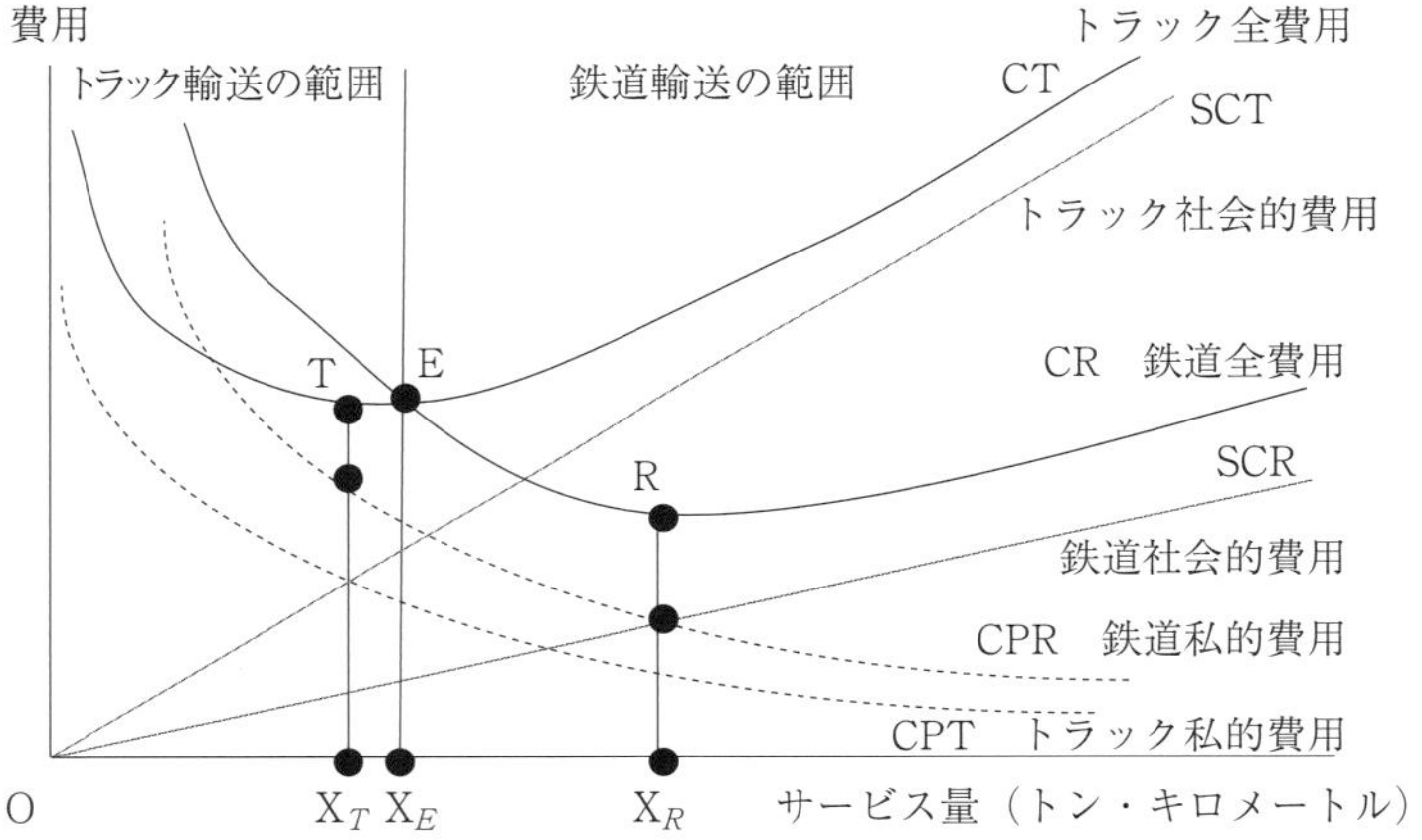

であったのである。

4・1　社会的費用の存在

輸送業界においても、市場取引を経ない外部経済効果が存在する。すなわち、隠された費用の存在である。石油資源などを利用することから発生する二酸化炭素の排出やそれに伴う公害問題、そして交通事故等による人身事故によって発生する人的・物的損害は毎年相当な額に達していると考えられる。もし懸命な制度構築によって社会的費用を市場化することが可能であれば、鉄道輸送はトラック輸送よりも社会的にはより低い輸送コストであることが説明されるのである。

図5—6は社会的費用を考慮した鉄道輸送とトラック輸送の費用曲線を比較したものである。この図は横軸に輸送サービス量

（トラックの輸送量X_T、鉄道の輸送量X_R）、縦軸に輸送費用（トラック輸送の費用C_T、鉄道輸送の費用C_R）を取っている。

線ＳＣＴをトラック輸送の社会的費用線、線分ＳＣＲを鉄道輸送の社会的費用線とする。説明の便宜上、それぞれの社会的費用はサービス量の増加とともに比例的に増大すると想定する。

この図からトラック輸送の費用は点Ｅよりも少ない輸送量においては、鉄道輸送の平均費用よりも低いが、点Ｐを超える水準においては、鉄道輸送の方が低い費用である。

社会的費用を考慮しなければ、トラック輸送の平均費用ＣＰＴの方が鉄道輸送の平均費用ＣＰＲよりも低いことから、トラック輸送の方が全面的に安価な輸送手段であるように見える。しかし、社会的費用を考慮すると、輸送量OX_Eの範囲内ではトラック輸送費用の方が安いが、輸送量がX_Eを越えると、鉄道輸送の費用の方が安いことが説明される。

日本の経済において、社会的費用を輸送費用に転嫁することに失敗してきたために、鉄道輸送のメリットが説明されない状態で、日本経済は資源浪費型・環境破壊型のトラック輸送を中心とした物流システム・交通システムに陥ってきたのである。このような社会的・経済的課題の存在を政府がいち早く理解して、政策スタンスの変更によって、課税や補助金等の設定についての工夫が必要である(17)。そして、効率的な枯渇性資源の利用システムを構築する必要があるのである。

図5―7　トラック輸送は近距離輸送・鉄道輸送は長距離輸送・離島便は船舶輸送

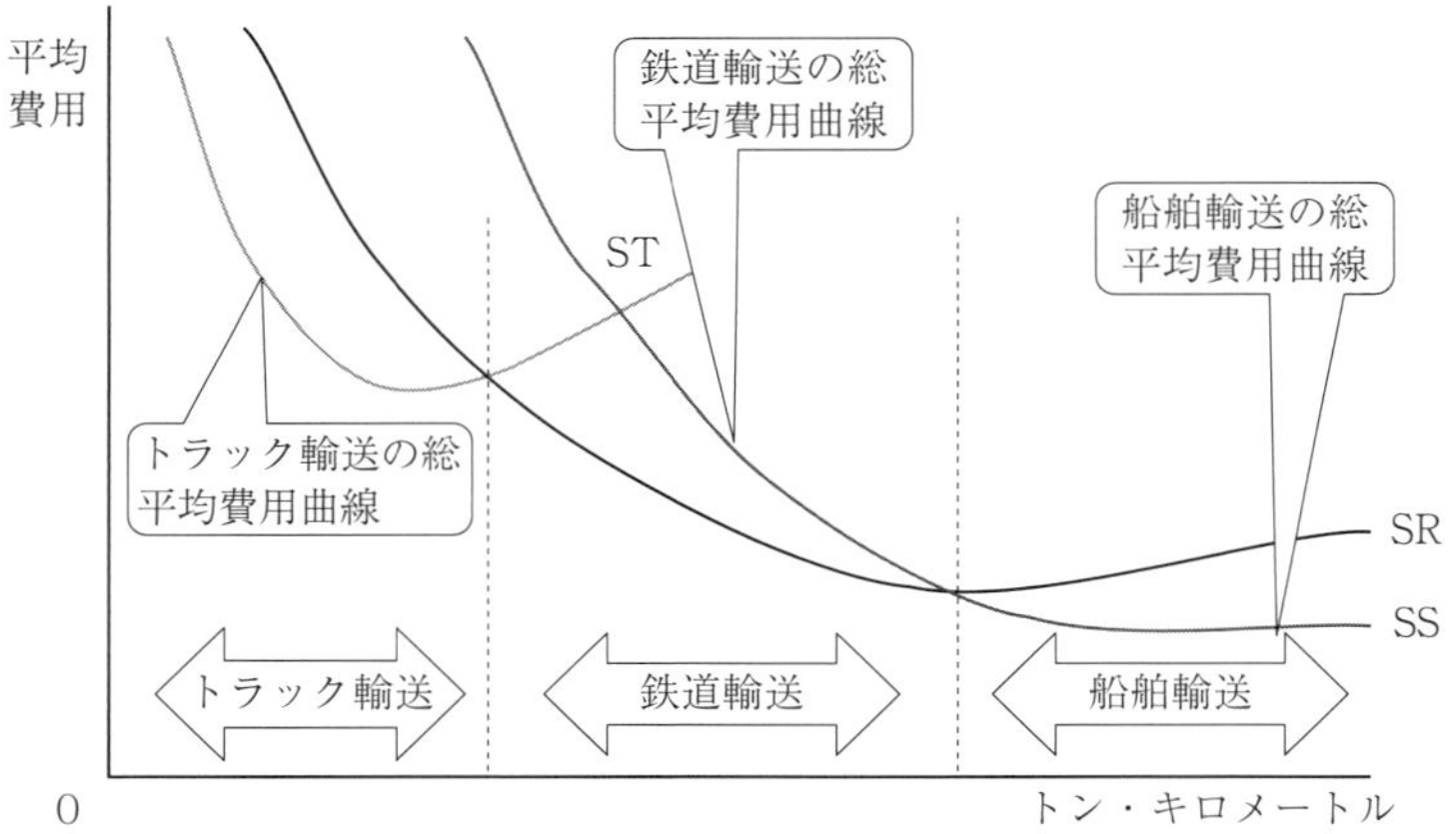

4・2　長距離物流に向いた船舶輸送

図5―6に船舶輸送を考慮した場合には図5―7のように説明することができる。

ここで、船舶輸送の場合は船舶建造費用や運転費用とは別に、港湾施設やヤード建設、アクセス道路建設等の特別な施設が必要であり、それらの施設の維持のための費用が巨大である。このような船舶関係の諸費用の合計がトラック輸送や物流新幹線輸送と比較して巨額となるのである。そのために船舶輸送の場合はかなり大量の物流サービスを提供しないと利益を出すことができないのである。しかし、大量輸送においては船舶のエネルギー効率は高く、社会環境に対する負荷は低いと考えられるので、環境関係の社会的費用はかなり低い水準で上昇すると考えられるのである。

以上の議論から、船舶輸送は短距離輸送には不向きであるが、離島や海外のようにトラック輸送や鉄道輸送にとっては困難か、あるいは巨額の投資が必要な長距離に関しては、低額の費用でサービスを提供することが可能な業種であることが説明されるのである。

5 日本の課題と物流新幹線がもたらす経済効果

今日の日本経済の課題は、国内物流システムが国際物流体系と対応していないことである。物流新幹線構想を利用して国内物流システムを改革することによって、このような課題についての物流改革が可能となるのである。物流新幹線の構築によって、国内の流通コストが減少するのである(18)。

物流新幹線構想は、日本の産業空洞化を止めるための政策であり、地域間格差是正のための政策なのである。九州や北海道の農産物を新幹線によって運ぶならば、輸送費用は現在の10分の1程度に減少する(19)。物流新幹線によって九州や北海道の農業を発展させることが第一の経済効果である(20)。それによって、地域の質の良い労働者の雇用を求めて、企業が他地域から転出してくる可能性が拡大するのである。

5・1 新幹線夜間物流に対する各反論に対する反論

新幹線物流構想に対しては、「貨物列車は客車よりも重いから、今の新幹線の線路や鉄橋では耐えられない。無理である。」とか「新幹線は夜間運転用には作られていない。」のような素人の質問から、「東海道新幹線の東京—新大阪間が旅客輸送で満杯なので利用できない」。「東北新幹線の東京—大宮間においては旅客輸送が満杯なので利用できない」。「山陽新幹線の新大阪—岡山間は旅客輸送が満杯なので利用できない」などの経営面からの反対の意見もある。

しかし、貨物用新幹線車両の長さは15メートル程度と、客車の25メートル程度よりも相当に短く、車軸の設計も異なるので重量問題はない。また、夜間運転が不可能な鉄道はないのである。客車が満杯のダイヤ区間については夜間運転が必要である。また、残りの区間では、昼間時間帯でも利用可能である。

それ以上に、日本海側の在来線を新幹線と共同で利用可能な3本線とし、あるいは、軌道を拡幅することによって、十分に新幹線物流に対応することが可能である(21)。

「物流新幹線構想」の実現こそが日本の物流システムを再構築するシナリオである。夜中に放置している火力発電所の発電能力を十分に活かした「夜間物流新幹線」とその全国広規格化が必要なのである。そのためには、短距離輸送のためのトラック輸送と長距離輸送のための物流新幹線、そして、国際物流の基地としての空港整備と港湾整備との整合性のある開発によって物流の結節点としての国内的・国際的物流基地の建設を同時に行うことが必要である。道路や空港が国策として公共事業によって建設されるように、物流のための港湾建設も鉄道輸送基地建設も国策としての公共事業によって建設されるべきである。

日本経済にとって、枯渇性資源の節約と国内物流コストの削減、そして、地域開発による地域間格差の是正策が必要である。この目的のために物流新幹線構想が果たす役割は大きいということができる。

付　論　エネルギー資源と輸送手段

日本の鉄道において石炭が豊富な時代には、蒸気機関車が全国を走った。海外から石油が安く輸入できる時代には、ディーゼルカーが走り、やがて蒸気機関車に代わって長距離用ディーゼル特急列車や貨物列車が走るようになった。

巨額の投資によって生み出されるダムからは、水力発電が可能となり、石炭・石油火力発電所が豊富な電気を生み出すと、全国を高速の電車が走るようになった。電気需要の増大によって、石炭火力発電所や石油火力発電所が建設され、電気の使用量は急激に増加したのである。

しかし、1973年と1978年の石油危機以後は、原子力発電所依存の時代となり、全国を超特急（新幹線）やリニア・モーターカーが走る時代となるはずであった。

人々は洗濯機や冷蔵庫、自動車やクーラーのある豊富な家電製品に取り囲まれた現代的な消費生活の時代を「アメリカン・ライフ」への進化として積極的に受け入れてきたのである。

石油危機や原発事故を経験した今日の私たち日本人にとって、地球のためではなく、人間のための「枯渇性資源の節約」、自然資源のリサイクル化の促進が必要となっているのである。枯渇性資源多使用型のトラック輸送を短距離輸送に限定的に利用し、燃料効率のよい鉄道輸送を長距離輸送に利用することが私たちの資源節約の知恵であるはずである。「新幹線物流」の実現こそがこのような日本の未来を再構築するシナリオである。夜中に放置している発電所の発電能力を十分に活かした「夜間物流新幹線」とそのための全国の鉄道の広規格化が必要なのである。

国内物流の中心であるべき日本の鉄道は、国鉄分割民営化以後、最悪の国内物流手段となってしまっている。それは自動車産業の発展のための犠牲でもあった。さらには高速道路の建設という莫大な公共事業の拡大によって日本経済の成長が支えられてきたという誤解のもとで実施されてきたのである。それゆえに、日本経済は石油ガスなどの枯渇性資源浪費型、海外からの資源輸入依存率の高い経済体質となってしまったのである。このような枯渇性資源浪費型の経済から脱却するためにクリーンエネルギーであると喧伝されてきた原子力発電所の建設が進められたのである。しかし、平成23年3月11日の福島第一原子力発電所の事故を経験した今日の日本人にとっては、エネルギー源として別の選択肢を求めることが必要となったのである。

【注】

（1）国鉄の鉄道計画書、昭和45年。

（2）国鉄工作局車両設計事務所、「車両の今後のあり方」（3―8新幹線車両）、pp.41-48、昭和45年7月。

（3）世界銀行から借款のために、貨物新幹線の想像図がポーズで作られた（島英雄物語）東海道新幹線での貨物輸送計画はコンテナ輸送とピギーバック方式（トレーラーを直接貨車に積み込む）が考えられていた。最高時速150km、夜間運転で東京―大阪間5時間半程度。

（4）JR各社の分割方法については、再考を要す。

（5）21年前（1995年夏）の久留米市内における講演以来の主張である。

（6）安全確認のためや緊急時のために乗員が必要であるかもしれないが、これは担当者が決める問題である。

（7）いま、日本国内の製造業が負担する商品生産のための輸送費用の割合が20％であると仮定すると、製品価格は10％程度低下することが説明される。

（8）例えば、日本を東地域と西地域に分けてサマータイムのような2時間程度の時差を設定することができれば、全国のピーク電量を減少させることが可能となるのである。

（9）可能であれば、無人走行として行う。

（10）このような政策は、将来的には新幹線物流システムとしての輸出が可能となるであろう。

（11）ハイドロ・メタン等の開発等の長期的な、代替エネルギーの発見・使用が必要である。

（12）2015年度の一年間の総輸送量471億7、800万トンのうち、自動車輸送が43億820万トンで全体の91・3パーセントである。表5―1参照。

（13）このような背景から鉄道輸送の実績は次第に減少し、国鉄分割民営化の際にはJR貨物は専用の線路を持つことさえ許されない線路の間借り会社となったのである。

（14）ガソリン揮発税の負担による道路建設は鉄道建設と比較するとあまり大きな費用負担ではない。

（15）パラダイム・シフトとは、例えば、天動説（旧パラダイム）が地動説（新パラダイム）に変化するようなものである。これまで一定の成果を上げ支配的であった天動説が、例えば、惑星の動きが説明できないというような問題に対して、有効な新しい考え方として地動説が現れて、その問題が解決されるというようなことである。あたかも、ヘーゲルの弁証法のように正・反・合の螺旋階段上をそれぞれの時代の思考方法と価値観が進化していくと考えるのである。

(16)貨物輸送において、各輸送機関から排出される二酸化炭素の排出量を輸送量（トンキロ：輸送した貨物の重量に輸送した距離を乗じたもの）で割り、単位輸送量当たりの二酸化炭素の排出量の試算である。

(17)貨物輸送と郵便輸送を鉄道輸送に取り戻すためには、同時に、速さと低コストと安定的な輸送スケジュールを提供して、個々の生産過程において求められるジャスト・イン・タイムという時間管理システムとの整合的な物流システムの構築が必要である。

(18)新幹線による観光客の増加は開通当初の経済効果以上には増加しないのである。新幹線によって、増えた観光客は新幹線が旬の時期だけの経済効果であり、観光客は本来のトレンド以上には増加しないからである。観光客は、その地域の住民が豊かにその地域を楽しんでいるものに対して来るのである。行政が観光開発として行うべきことは、地域の住民が地域をエンジョイするための雇用機会を増加させることである。そのためには、所得増大効果を生む観光関連の産業開発政策が望ましいのである。

(19)当面は東北新幹線を夜間物流新幹線とする。

(20)日本海側の「裏日本」と呼ばれる地域に産業の再配置を実現することによって、「裏日本を表日本へ」変えることが可能となるのである。このような政策によって、太平洋側の地震や津波対策としての効果が期待されるのである。

(21)今後、大陸（中国・ロシア）との交易が盛んになる時代に対応して、日本海側の整備新幹線など、そして新しい新幹線の路線も開発しなければならないのである。

第6章
経済成長戦略としての物流新幹線構想[1]

かつて経済学の講義で、「経済成長とは量の増加であり、経済発展とは質の高度化である」と教わったことがある。しかし、「量から質への転換」というように、量の増加が質の改善を導くものであり、社会現象において量が増加する過程を経ないで、質が改善されることはなく、また、質が変化しないままで量が増加することはないのである。なぜならば、獲得する量の増加は質への不満を導き、質への満足感は量の不足感を導くからである。

すなわち、経済成長とともに国民が獲得する財・サービスの量が増えるならば、国民が求める質の改善が継続的に求められるのである。ということは、経済成長戦略とは、質の改善が伴う、量の増加として提唱されなければならないのである。

1 持続的な経済成長戦略と地方創生

安倍政権が提案している「地方創生」とは、国民が想定し思い描いているような地方経済の質の改善としての経済発展ではなく、「少子化対策」なのである。東京・大阪・名古屋の大都市の過度の一極集中のデメリットとしての労働者不足と年金問題に対する対応策、すなわち、大都市救済策としての地方経済の再生に対する要望なのである。その本質は、「地方経済切り捨て論」なのである。

大都市と霞が関は、決して地方の発展を求めているのではない。なぜならば2020年に開催予定の東京オリンピックを成功させるためには、そして、3・11からの東北の復興を実現するためにも、国内経済の均質な発展を実現するためにも、国には予算も時間もないからである。すなわち、「地方創生」とは経済成長戦略としてのビジョンが欠如した国家のリーダーの空虚な暴走であり、他力本願での日本経済の生命力維持政策なのである。

東京の一極集中の程度を最適な水準に抑えるためには、若年労働者の確保と高齢者を中心とした首都圏の余剰人員・余剰労働力を地方へ放出して、ネガティブな意味での日本経済全体の「人口の再配置」と「産業の再配置」が必要であるという想いからの政策なのである。

指導者は、日本経済を、今後、どこに導くのかを明示しなければならない。しかし、アベノミクスは日本経済の長期戦略について具体的な展望も政策も示していないのである。

日本経済を豊かな社会へ導くための「地方創生」政策とは、日本経済全体についての具体的な持続的経済成長戦略を持つことが必要である。そのためには地方の経済力の強化だけではなく、地方経済に立脚する企業の多国籍企業化と、それに伴う国内雇用の確保問題である。そして同時に地方の文化的特性とその水準を維持するための政策が必要なのである。

長年続いてきた日本経済の産業空洞化のもとでの地方企業の国際化戦略のためには、地方経済を豊かな社会へと導き、地域創生のための経済開発による地域経済の活性化が必要である。同時に、地方企業の国際化とは多国籍企業化であり、地方独自の製品と製造方法が規模に関して収穫逓増産業として国際市場に展開され、しかも、国内生産の絶対量を確保させるための政策でなければならないのである。

2 地方創生と物流新幹線構想

地方創生のための具体的な政策こそが、第5章で説明した国内経済の物流費用を低下させ経済構造を改革する「物流新幹線構想」である。国内経済の活性化させるためには、国内のビジネスや観光のための人流の活性化のみならず、日本国内の物流費用を低減させることによる商品の地域間移動を活性化させる政策が必要なのである。そのために物流費用を低減させることが必要である。そのためには輸送機器や輸送機材の充実を図ることが必要である。同時に、経済全体の枯渇性資源（石油・天然ガス・石炭等）の節約が必要であり、枯渇性資源の浪費にならないように考慮する必要がある。

物流新幹線構想によって、物流費用を低下させ、企業の平均費用を低下させることが可能となり、企業・産業の地域間の再配置が実現し、全国の企業の生産費用が低下して、地域再生と人口再配置によって、日本経済再生となって、経済成長政策が実現するのである。

社会資本老朽化対策のために社会資本の増強を実現するためには、就業構造の変更政策が必要である。土木・建築・建設関係の技術者不足が問題となっている今日では、土木・建築・建設関係企業の雇用推進・人材育成のための課題解決策として、工業高校、大学の工学・土木・建築関係の学部学科の充実と定員増加が必要である。これらの教育政策が、今後の国民生活の基盤の充実と、経済の質と量の改善と企業の生産性の向上に繋がるのである。

2・1　物流新幹線構想によるJR改革の提案

国土開発政策としての物流新幹線構想を実りあるものにするためには、既存の旅客会社と貨物輸送会社に分割したJR各社の構成についての抜本的改革が必要である。鉄道は、本来、物流の担い手であることを忘れた現状を再確認するためには、国鉄分割民営化の再評価と見直しが求められるのである。

物流新幹線としての新幹線網を全国規模で建設することによって、高速輸送網を完成し、低費用で少ない枯渇性資源を利用して人や貨物・荷物が運送できる新幹線網を速やかに建設し営業を開始すべきである。

鉄道事業に関しては、すべて「所有（国有）と経営（民営）の分離」という「上下分離論」を前提として、JR旅客各社の経営の現状を見直し、JR貨物輸送を中心とした物流新幹線構想による新しい日本全国の物流システムを構築することが必要である。ここで、所有とは国民年金積立金等で賄うような国民所有であることが前提である。

また、国際競争力のある国際空港と国際港湾を建設し、「国際物流空港・港湾」と「地域の製造基地」とを結ぶ「物流拠点基地」を各地域に建設し、日本全国の地域間をスムーズに結ぶ物流新幹線網と高速道路網の構築によって、国際物流と国内物流の整合性を図ることが必要である(2)。この地方の「物流拠点基地」に在来線の線路と国道・県道がアクセスすることは当然である。

2・2　上下分離論の提案

日本国有鉄道（国鉄）をJRとして、6つの地域別旅客鉄道会社と1つの貨物鉄道会社に分割・民営化した(3)。同時期に電電公社、日本専売公社等の三公社の民営化が進められた。これらはすべて国民の長年蓄積してきた富の一方的な略奪であった。このような国民の資産を中曽根康弘内閣の政治改革は、「課税対象としての優良企業を増やす」という目的でもなく、民営化という無目的な政策によって、国民の財産としての国富を一部の資本家に切り売りしたという意味では「租税国家の自殺」であったのである。国鉄や郵政の資産は国民の財産であり、これを国家によって民営化を推進することは日本経済の弱体化であった。

この国民の資産を取り返す方法は、「上下分離論」(4)である。JR各社についての「上下分離論」とは、ハードは国有（資産は国民の財産）とし、ソフト（経営権）は民営化（JR）とし、鉄道施設の使用料は、全国新幹線網を在来線と競合しないように構築して、両社から応分の使用量を徴収することが必要である。それらの資産を運用するために、企業運営の効率性実現のためには民間の力を活用するというものが「上下分離論」である。

3　蟹田港の国際物流化構想

物流新幹線構想の北の中心は、津軽半島の東、外浜町の蟹田港周辺域である。北海道新幹

図6—1　日本—釜山（韓国）—高雄（台湾）—アメリカ西海岸

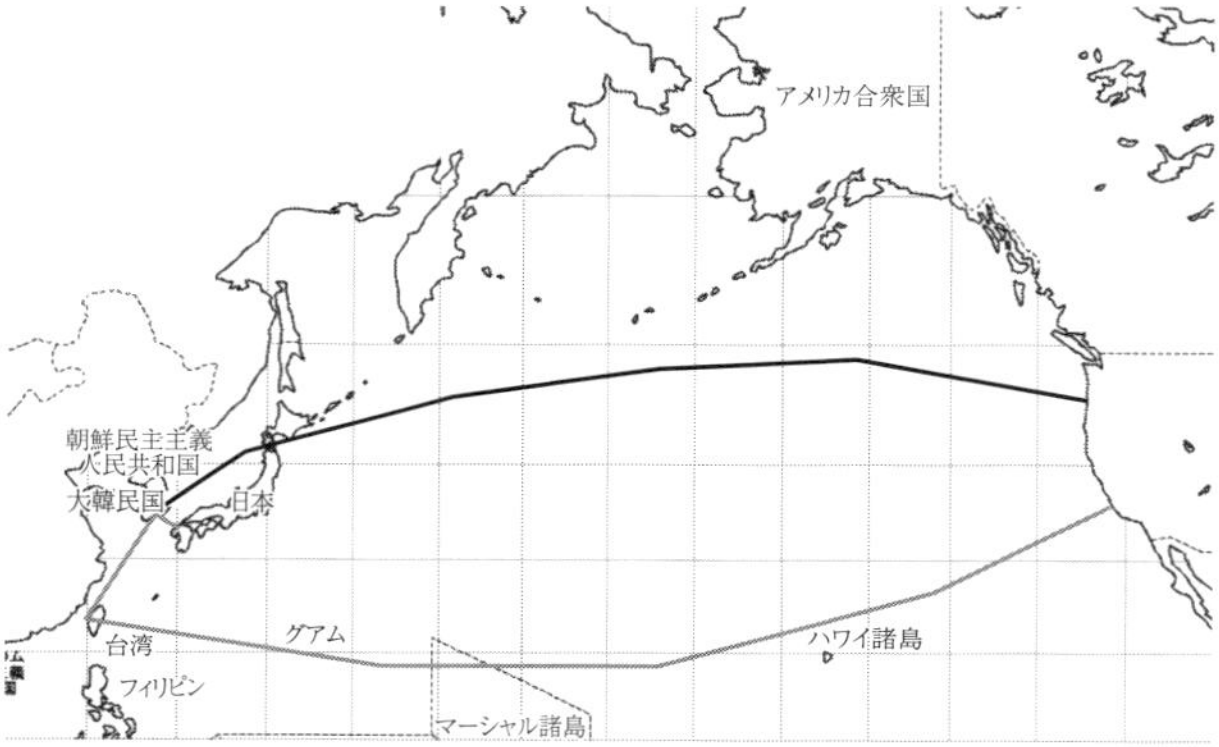

線と東北新幹線を結ぶ「青函トンネル」の入り口の付近が蟹田港である。ここに、国際港湾としての蟹田港開発とその周辺域に国際物流基地としてのコンテナヤードを建設することによって、蟹田港周辺域は国内物流と太平洋航路との結節点となるのである。

今日の日本の対米貿易のためのコンテナ輸送の基地は韓国の釜山港である。図6—1でわかるように、アメリカの西海岸を出港したコンテナ船は太平洋を西に走り、津軽海峡を東から西に越えて、日本海を南下して、韓国の釜山港に入港し、大量のコンテナをフィーダ船に積み替えて、再び津軽海峡を西から東に越えて東京湾に向かうのである。

同様に、東京港を出港したフィーダ船は、津軽海峡を東から西に越えて、釜山港に入り、大量のコンテナを大型コンテナ船に積み替えて、日本海を北上して津軽海峡を西から東に通過して、太平洋を東に進み、アメリカ大陸の西海岸に到達するのである。

図6―2　蟹田港国際コンテナ基地化と物流新幹線構想

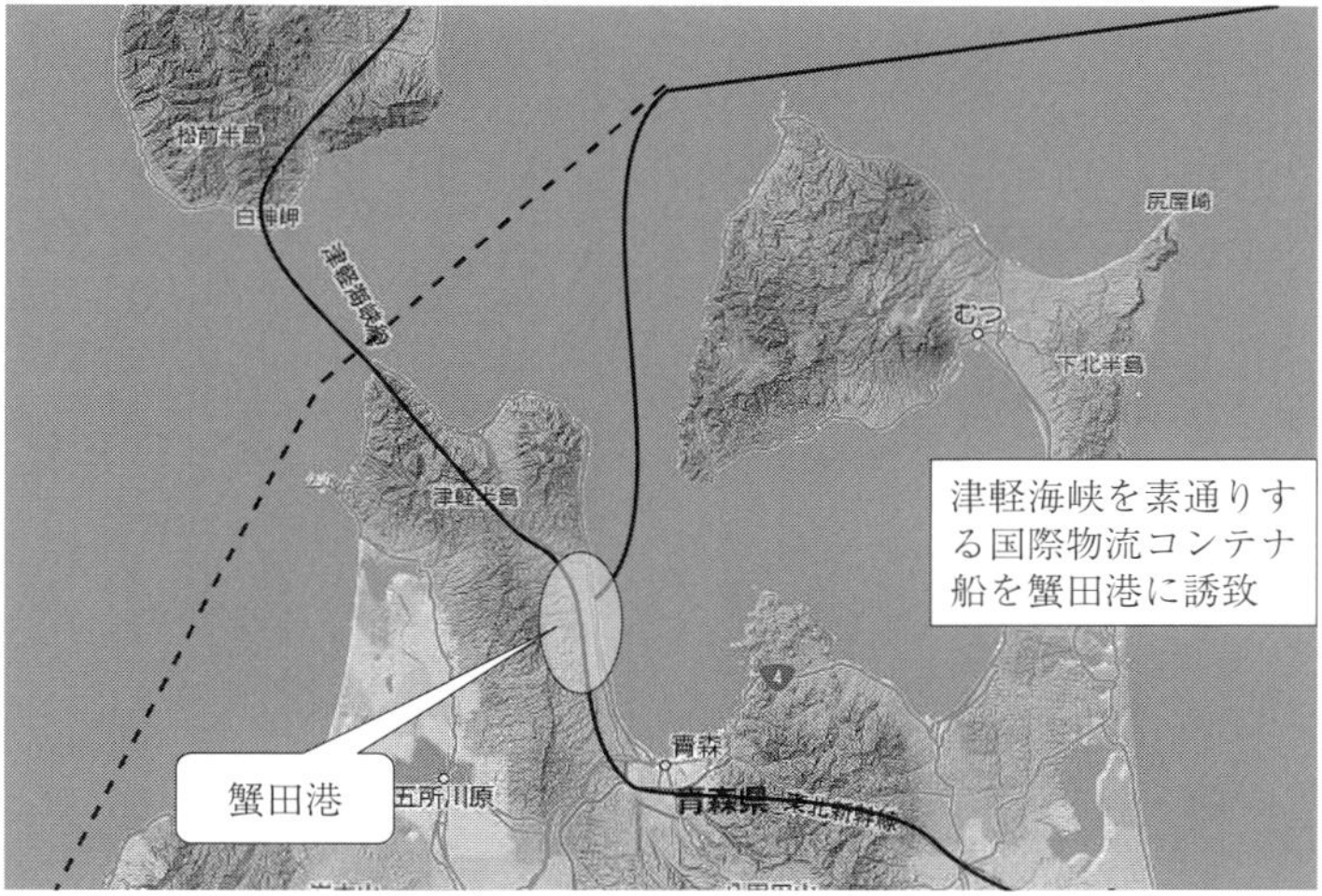

津軽海峡を素通りして、一往復しないとアメリカ大陸との国際貿易が行えないという日本の物流システムの問題を解決するのが津軽半島東側の蟹田港開発である。

この蟹田は青函トンネルの入り口であり、出口にある町である。陸奥湾は深く、蟹田港は大規模なコンテナ船を入港させるには十分な水深が確保される良港である。ここに物流新幹線を利用した国際物流拠点を建設して、蟹田港を国際物流拠点とするという計画である。

蟹田港で荷卸しされたコンテナは夜間を中心に東北新幹線を利用した物流新幹線輸送と昼間を利用した中距離の在来線鉄道輸送とに区別して輸送することを考えることができる。国際物流と国内物流の進展によって、図6―3のように、将来的には、日本海新幹線を建設して物流新幹線とする

図６―３　青森蟹田港から長崎港までの物流新幹線構想

日本海物流新幹線と四国東海道物流新幹線構想によるリダンダンシィー（多重性）

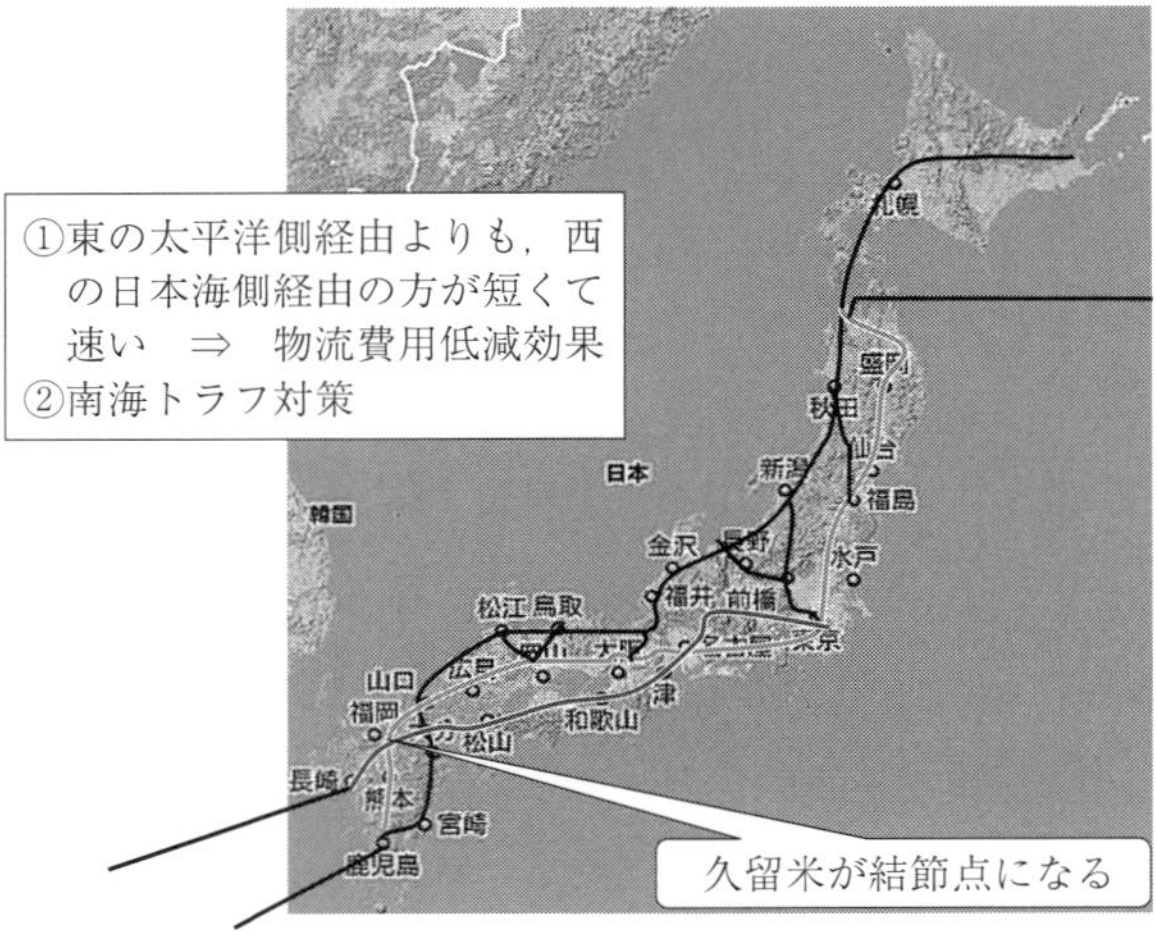

ことが必要となるであろう。

この日本海物流新幹線構想は、日本海物流新幹線と四国東海道物流新幹線構想によるリダンダンシィー（多重性）構想である。すなわち、①東の太平洋側経由よりも、西の日本海側経由の方は、東海道経由のルートよりも輸送距離が短く、それゆえに、運輸時間が速く輸送費が安いルートである。この物流費用低減効果は日本経済の至る所に工場の立地条件が整うという間接的な効果が期待されるのである。また、南海トラフによる災害対策としての日本の安全な物流ルートが確保されるのである。

4　長崎新幹線構想

長崎新幹線に関しては、現在、遅々として進まないフリーゲージ（ＦＧＴ）新幹線構想を諦め、フル規格新幹線に変更することが必要である(5)。フリーゲージ（ＦＧＴ）による長崎新幹線案は一部区間について在来線を利用することから発生すると恐れられている問題は、そのフリーゲージ（ＦＧＴ）の連続運転に関する「安全性の問題」以上に、在来線を利用する高速運転から発生すると予想される「踏切事故の頻発問題」と投資費用に対する「時間短縮効果の短さ」に対する疑問、そして、博多以東への連続運転が不可能な計画であることについての疑問などがある。

フル規格新幹線の場合は、専用の線路を使用するために「安全性の問題」はクリアーできて、「時間短縮効果は十分にある」、そして、東京までの延長運転可能である。「フル規格新幹線」と比較した場合に、経済的なメリットはフリーゲージ計画にはないのである。

4・1　佐賀空港経由長崎新幹線構想

長崎新幹線のもう1つの問題はルート問題である。在来線の長崎本線の赤字ローカル線化を阻止して、長崎新幹線を佐賀空港経由のルートで運行することによって、国際佐賀空港との相乗効果が図ることである。このためには新幹線と在来線使い分けが必要である(6)。

この長崎新幹線構想には、「物流新幹線構想」、特に、二酸化炭素排出量減少型（化石燃料節約型）の「夜間物流新幹線構想」が含まれなければならないのである(7)。

4・2　物流拠点としての久留米市構想

長崎新幹線を久留米分岐にすることによって、久留米が九州経済の物流拠点となり、同時に物流新幹線が日本経済の輸送費用を大きく低下させることによって、九州地域のみならず、日本の産業の国際競争力が強化される方策として例示されるのである。

このような政策によって、久留米市は九州経済の人流においても物流においても、ハブ機能を持つことになり、先に説明した「田園都市圏の中心都市」としての久留米市の「地方創生」についての将来計画の背景となるのである。

以上の鉄道計画によって、久留米市内には、在来線の鹿児島本線と久大本線、そして、九州新幹線と長崎新幹線、西鉄電車の五本のレールが交差する世界一の物流拠点都市が形成されるのである。

5　第二国土軸構想と物流新幹線

長崎新幹線については、当面は久留米で鹿児島新幹線と合流・分岐であるが、将来は、図6―4のように、久留米市から東に日田市、大分市へと繋がる九州横断新幹線となることが

図6—4　長崎新幹線・大分四国新幹線構想

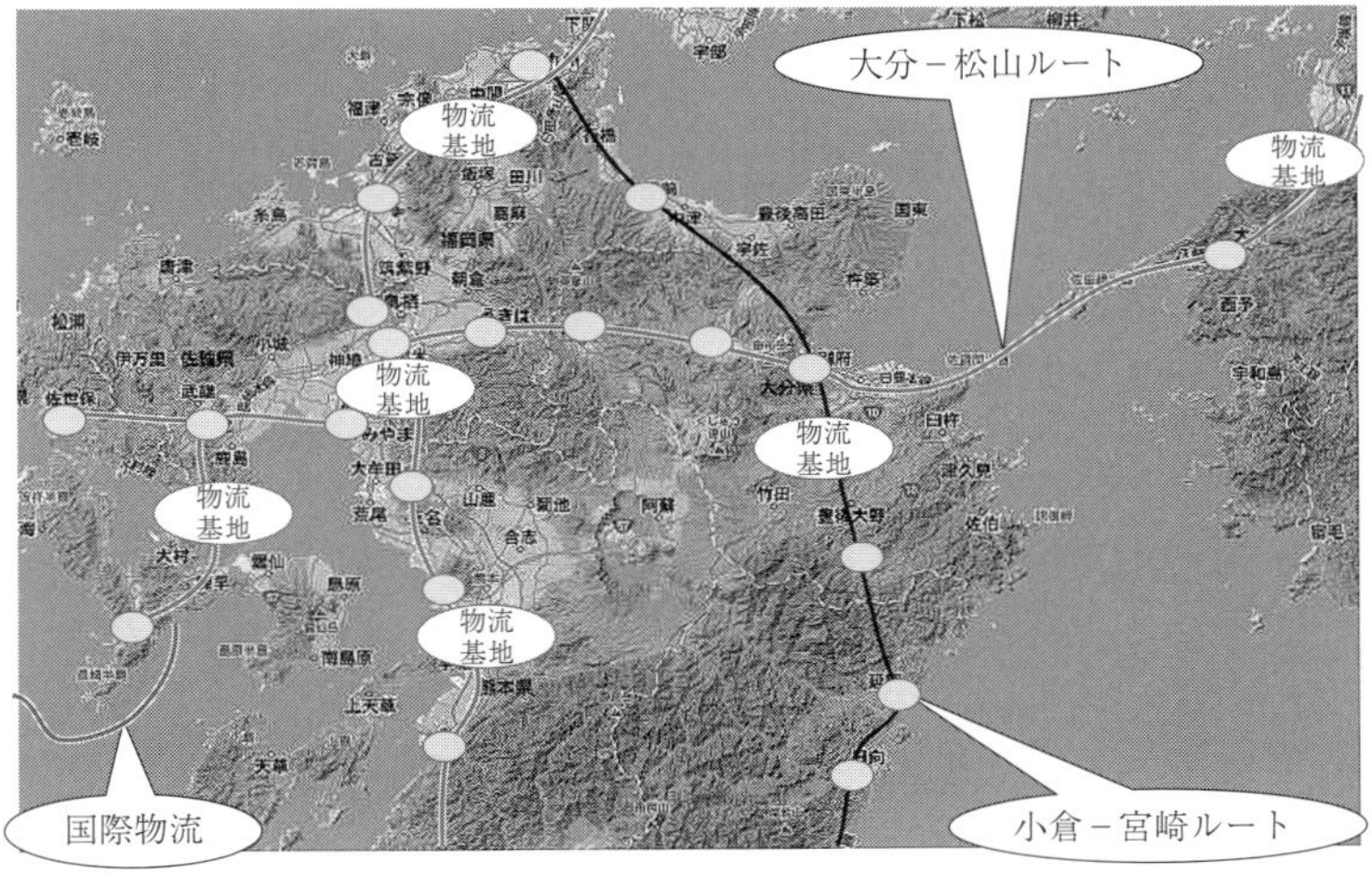

計画可能なのである。この九州横断新幹線は将来、豊予海峡トンネルによって、四国の松山市と高松市を結び、紀州を越えて、名古屋、東京への新新幹線ルートを実現することが可能となるのである(8)。この構想はかつて「第二国土軸構想」として政府において議論された経過がある。

この新しい新幹線ルートの建設によって、いままで、瀬戸内海航路の物流に依存して開発されてきた大分経済圏の現状問題について の打開策が図られるのである。また、九州経済圏と四国経済圏がつながることによって、日本経済の西側において、新しいヒト・モノ・カネの移動が可能となり、西日本経済における生産拠点だけではなく、市場規模の拡大が期待されるのである。

6 ブルートレイン新幹線構想

夜間の新幹線旅客（ブルートレイン）開発によって、「地方創生」政策の成果としての人口分布の再配置の結果として、地方に分散する高齢者の国内観光需要の増加が見込まれる。ブルートレイン新幹線構想（夜間長距離新幹線構想）は、走る福祉ホテル構想である。高齢者の長期間の地域間移動を可能として、例えば、鹿児島～札幌間のブルートレイン新幹線の導入によって、高齢者の乗客を1～2週間程度列車の旅に招待することによって、高齢者の非日常的な満足感を実現するとともに、同時に、日頃、高齢者の世話をしている世帯の休憩時間を与えることが可能となるのである。高齢者が日本中の都市を観光旅行すると同時に車内の医療機関や歯医者さんによって健康管理とヘルスケアが可能となり、同時に、若者の雇用の場を増加することが可能となる。

地方経済にとっては、地元の歴史的史跡や名所・古跡を充実させることによって、歴史・文化・食・社会を満喫する観光コースの開発と充実が実現するのである。このような観光資源は日本的な魅力のある充実した国際観光資源ともなるのである。日本の地方の自然と文化、そして資源が有効に利用されながら、年金受給者の長年の夢を叶える高齢者観光産業が出来上がるのである。

この観光資源の利用にあたっては、購入予約権を所得の低い高齢者に優先的に配布し、不要な人はこの権利を購入予約権取引市場においてオープンに販売することによって、希望者は市場価格で売買することによって、「所得の再分配効果」が発揮され、高齢者の所得増加に貢献するのである。このようにして、地方の雇用創出と同時に所得格差是正効果が実現するブルートレイン新幹線の列車運行が実現するのである。

7 政府の累積債務解決策としての物流新幹線

現時点で、われわれは国鉄分割民営化の成果を検証するべき時点に立っているであろう。国鉄分割民営化とは、JR各社が限られたエリアにおいて利益を得る努力を行うという意味では成功であったのかもしれない。しかし、長距離旅客輸送と長距離貨物輸送を放棄したという意味では日本経済にとって大きな経済的損失であった。

このような国鉄分割民営化政策の失敗が日本経済においては資源の浪費・無駄使い体質を導き、本来の企業努力によって得られたのではない一時的な利益によって、原子力発電所頼みの「東京—名古屋間のリニア・モーターカー建設」に架空の利益を回すというような企業が現れるのである。1企業と1エリアの利益だけを考えた、全国的には資源と資本の無意味で浪費的な投資構想は、国鉄分割民営化の負の遺産である。このような構想が実現した場合の社会的な機会費用は巨大であり、日本経済全体にとっては新たな資源の無駄遣い政策となるのである(9)。

また、航空機から物流新幹線・在来線による輸送方法のシフトによって、空港と国内航路の多くを廃止することが可能である。将来的には、新幹線の全国網を建設し、物流新幹線を日本経済の国内物流の基本として定着させることが重要である。全国新幹線網の建設によって、無駄な地方空港と赤字の航空路線を廃止して、日本経済の資源利用の無駄を排除し、経済全体の石油資源の節約を図ることが重要なのである。大消費地・大生産地間食料輸送によって、拠点間直行輸送が実現され、鉄道・自動車・航空機・港湾などの総合交通体系の見直しが必要となるのである。

物流新幹線については、本来、国鉄内部で検討したという経緯がある。拠点間直行輸送とし、大消費地・大生産地間を直結する計画である。「地域の物流基地」間を結ぶ高速道路網建設である。そのためには、日本海外を縦断する高速道路網の建設と日本列島を横断する高速道路網の建設が重要である。総合交通体系の見直しと長距離輸送の自動車から鉄道へ、国内航空貨物から鉄道貨物へという、モーダル・シフトが重要である。そのためには港湾と鉄道とのアクセスの充実が重要である。

国際空港周辺には、高速道路と在来線、新幹線を導入して、「臨空型物流基地」として再開発する。赤字の地方空港と航空路線（新幹線と比較して時間・費用節約効果のない航空路線）は廃止し、空港再利用計画として高速道路と在来線、新幹線を導入して、地域の物流基地として再利用する。すなわち、無用になる空港（1日10便程度以下）を「地域の物流基地」として再開発・産業誘致の促進をすることが可能となる。日本の空港の半分以上を廃止し、「国際物流空港」と「地域の物流基地」とを結ぶ物流新幹線の建設が実現するのである。これによって、化石燃料の多くが節約されることになるのである。すなわち、新幹線物流システムは、省エネ経済の実現の1つの手段であり、京都議定書をクリアーする方法でもある。

このような自動車輸送から鉄道輸送へのモーダル・シフトは、脱化石燃料依存型経済へのシフトである。同時に、国内航空輸送から鉄道輸送への時代の変化でもある。このことは新しい輸出産業の構築にも関係する。経済構造が自動車産業から鉄道産業へシフトして、日本中をフル規格の新幹線網として再構築することによって、新幹線物流が完成するならば、それは、同時に日本経済の所得倍増計画としての政策が実現することを意味するのである。

このような所得倍増政策で増加した税収で、新幹線物流を実現し、全国に新幹線網を構築し、それからの収入を政府の公共事業と減税政策の財源とする。すなわち、日本政府は1,000兆円を超える累積債務を償還する財政力を身につけることが可能となるのである。新幹線物流システムという国富の増加によって、国富の証券化・財源のファイナンスにも有利となるであろう。

国内の新幹線物流システムは海外への輸出産業としての成長し、世界の鉄道物流構想が定着するであろう。新幹線物流システムは輸出産業の花形となると期待されるのである。

【注】

（1）「物流新幹線構想」は本来、「新幹線物流」という呼び方で議論を展開していた。しかし、最近、私のアイディアを流用し矛盾した議論が横行しているので、「物流新幹線」という呼び方に変更したものである。

（2）日本海新幹線構想については、拙著「東日本大震災からの復興戦略—復興に増税は要らない」、pp.199–204を参照されたい。

（3）昭和62（1987）年4月1日発足。

（4）上下分離とは、ハードは国有、ソフトは民営化（JR）として、そのハードの使用料を国に払うとするものである。

（5）平成28年1月1日の長崎新聞によると、長崎県内主要企業トップ85人へのアンケート調査では、「開業が遅れても全線フル規格」が56・5％、「リレー方式後に全線フル規格」が22・4％、「FGT」が15・3％である。利便性向上などが主要な理由である。

（6）短距離は在来線の長崎本線を利用し、長距離は新幹線を利用するということである。

（7）原発だけでなく、火力発電などの夜間エネルギーを余剰電力として低費用で、夜間電気として利用可能であることから、昼間電気量の低下政策として導入することができるのである。

（8）JR東海のリニア・モーターカー構想によって、余剰となる東海道新幹線は長崎新幹線と連結して運用可能となるのである。

（9）新幹線の20倍の電気を使用するリニア・モーターカー構想の成功のためには、浜岡原発の復活等の原子力発電所の維持・増加政策が必要であり、時代に逆行した投資計画である。

第7章
新アベノミクスの評価と社会資本

平成27年9月、自民党総裁再選後の記者会見において、安倍晋三首相は、「アベノミクスは第2ステージに入った」として、新しい「3本の矢」を打ち出した。

新第1の矢は「希望を生み出す強い経済」であり、具体的には2020年頃に名目GDPを600兆円にすることを目標とする。新第2の矢は「夢を紡ぐ子育て支援」であり、希望出生率1・8を2020年代初頭に実現したいとする(1)。そして、新第3の矢は「安心につながる社会保障」であり、2020年代中頃には介護離職をゼロにする目標が掲げられた。

1　実現性乏しい新「3本の矢」

日本経済のデフレ状況を脱却させるという目標に対応すると主張されてきた旧「3本の矢」は、「大胆な金融緩和」、「機動的な財政政策」、「民間投資を喚起する成長戦略」であった。しかし、このアベノミクス旧「3本の矢」についての成果が未だ確認されていない状態である。「円安が輸出増に」繋がることはなく、「企業業績拡大が設備投資増加に」転じることもなく、「雇用増が消費増に」という好循環は明確には表れていないのが日本経済の現状である(2)。

このうち日銀中心の金融緩和政策は、年2%のインフレ政策としては失敗したものの、円安・株高という成果を上げてアベノミクスの基盤を築いたと評価する人もいる。しかし、国内経済の活性化とは直結していない。財政政策の効果については、一時的な刺激策であり、最終的な評価としては未だに明白ではない。市場が期待していた3本目の矢の成長戦略は「道半ば」といわれ続けている状態での発表が新「3本の矢」である。

旧「3本の矢」について不確かな成果にもかかわらず、安倍総理はこの新「3本の矢」を提示した。この新「3本の矢」はすべてが目標であって、この目標を実現するための政策手段は明示されていないのは前回の「3本の矢」と同様である。

安倍首相は「デフレ脱却はもう眼の前だ」として、第2ステージを宣言したが、消費者物価の上昇率はほぼゼロであり（生鮮食品を除くベースで9月の前年比はマイナス0・1％）、日銀が掲げる2％のインフレ目標の実現は第2章で見たように実現不可能な政策目標であったことは証明されている。

安倍首相は「長年手つかずであった日本社会の構造的課題である少子高齢化の問題に真正面から挑戦したい」と意気込みを示して新「3本の矢」の政策を示した。

新たな「3本の矢」は「希望を生み出す強い経済」の具体的目標としての名目GDP600兆円は根拠のない目標である。「夢を紡ぐ子育て支援」の出生率1・8とは現在の1・4程度の出生率に対してあまりにもかけ離れた数値である。そして、「安心につながる社会保障」は介護離職ゼロの政策目標であるが、児童手当ての大幅な増額によって可能な目標ではないのである。いずれも実現性に乏しい政策と考えるのが常識的であるだろう。

新「3本の矢」では家計重視の姿勢を鮮明にしたと強調している。しかし、「一億総活躍」

表7―1　日本の名目GDP

年度	2010	2011	2012	2013	2014	2015
名目GDP	482, 676. 90	471, 578. 70	475, 331. 60	480, 130. 50	487, 596. 80	499, 822. 29

年度	2015	2016	2017	2018	2019	2020
名目GDP	499, 822. 29	518, 466	537, 804	557, 865	578, 673	600, 257
成長率	3. 73%					

（注）2015年の数値は，IMFによる2015年10月時点の推計。

という用語は、「一億総火の玉」や国民運動のスローガンと同様に、国民には不気味に響くフレーズである。

強い経済＝20年のGDP600兆円に

新「3本の矢」の第1の矢は「強い経済」である。2014年度に490兆円だった名目GDPを2割増やすため、女性や高齢者、障がい者らの雇用拡大や地方創生を本格化して「生産性革命を大胆に進める」とした。

上記の表7―1は、2010年から2015年までの、日本の名目GDPの数値である。2015年の日本の名目GDPは499、822・29兆円であることから、2015年の数値は、IMFによる2015年10月時点の推計である。

2016年以後、毎年3・73％以上の経済成長率が実現しなければ名目GDPを600兆円に達成することは不可能な数値である。

子育て支援＝合計特殊出生率を1・8に回復

新「3本の矢」の第2の矢は「子育て支援」である。現在1・4程度の出生率を1・8まで回復させる目標を掲げた。子育てにか

図7—1　合計特殊出生率

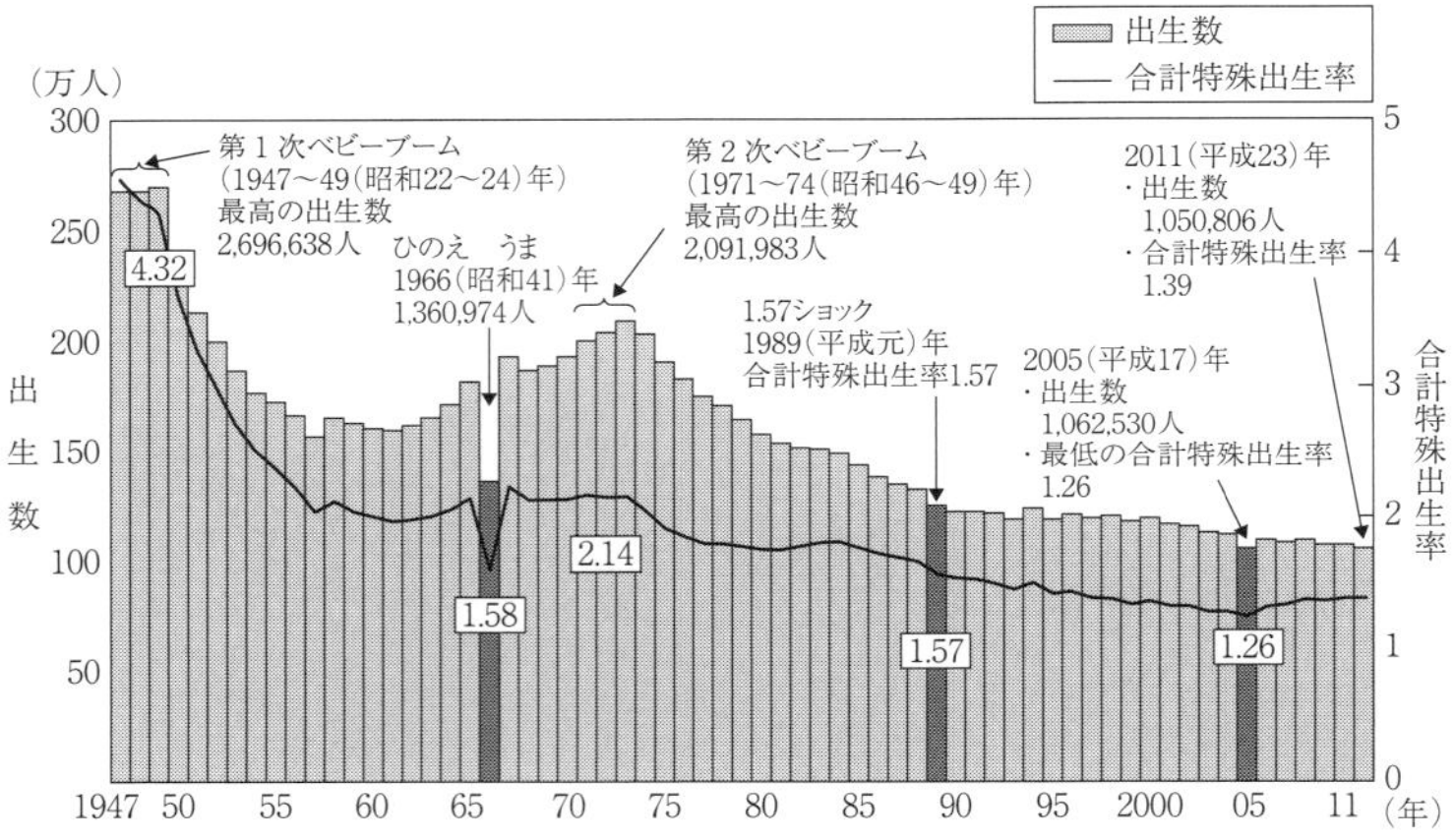

(出所) 厚生労働省 (人口動態統計)。

かる経済的負担を軽くするための幼児教育の無償化、結婚支援や不妊治療支援に取り組むとしている。

日本の合計特殊出生率は、２００５年の１・26をボトムに２０１３年には１・43まで上昇した。しかし、この時期の出生率上昇には、40歳に近づいた団塊ジュニア世代の駆け込み出産が数字を押し上げたとして、持続的な上昇には疑問が持たれていた。実際、２０１４年の出生率は１・42と、わずかながら10年振りに低下した。

図7―1の合計特殊出生率をみると、合計特殊出生率を１・８という数値は、１９７０年代初期の日本経済の時代の数値であり、当時の日本社会と今日の日本社会では、社会環境も経済状態も異なることから、達成不可能であるというよりも意味が理解できない目標である。

社会保障＝介護離職ゼロに

新「3本の矢」の第3の矢は、家族らの介護を理由に退職せざるを得ない「介護離職をゼロに」したいとの目標を示している。働く意欲がある高齢者への就業機会を増やす考えを明らかにした。これらを20年に向けた「日本1億総活躍プラン」としてまとめ、「50年後も人口1億人を維持する国家としての意思を明確にしたい」と語った。

「仕事と生活の調和レポート2011」によれば、平成14年から平成19年までの5年間で男性の介護離職者の比率は15・9％から17・7％まで上昇している。

「仕事をとるか介護をとるか」(3)という問題の背景には、企業側の要因と介護離職者の要因がそれぞれある。離職者によると「仕事と介護の両立が難しい職場だったため」というのが男女共60％以上を占めており、次に「心身の健康状態が悪化したため」である(4)。すなわち、休めないことや社内での理解を得ることができず、働き方を調整することができなかったから離職した人々が多いといえるのである。

また、離職前の介護内容の調査では、介護者は、「排泄や入浴等の身体介護を含め全般に渡って」実施しており、「離職者は介護を一人で抱え込んでしまう傾向」がある。介護のケア頻度も高く、ほかの家族や介護サービスと協力して介護したケースはほぼないのが実情である。このような介護の実情を理解して、国の具体的な政策を考えるという目標設定の意欲については評価するが、その成果については疑問を感ぜざるを得ない。

今後の議論の焦点は、これらの「新3本の矢」を実現するための具体策があるのかという問題である。確実に経済成長を実現し、子育てや社会保障を充実させて、1、000兆円を超す国の債務を財政再建策としてどのように両立させていくかという問題が議論されなければならないのである。

2　アベノミクスの評価と日本経済の実情

新「3本の矢」の提案は従来のアベノミクスの「3本の矢」についての政策の失敗を隠して、政策の方向転換を図ったものである。

アベノミクスの中核である旧「第1の矢」＝大胆な金融緩和政策は典型的なトリクルダウン戦略(5)であったが、本来、このようなメカニズムが機能するはずはないのである。2013年4月と2014年10月のクロダミクスの「大胆な金融政策」と「異次元の金融政策」によって、1ドル＝120円程度まで円安が進んだために、外国に資産を持つ企業を中心に企業収益評価額は改善され、2014年以来の原油安によって企業利益は史上最高水準を更新した。エネルギー価格の値下がりにも関わらず、円安を反映して食料品などが値上がりしているため、実質賃金はほとんど上昇していないのが実態である。

次の図7―2は、2012年7月から2015年10月までの現金給与総額の変化率を表したものである。

実質賃金はアベノミクス開始以降、就業者の増加とインフレ率のプラス転換の影響で前年

図７―２　賃金指数の推移（2004-2014）

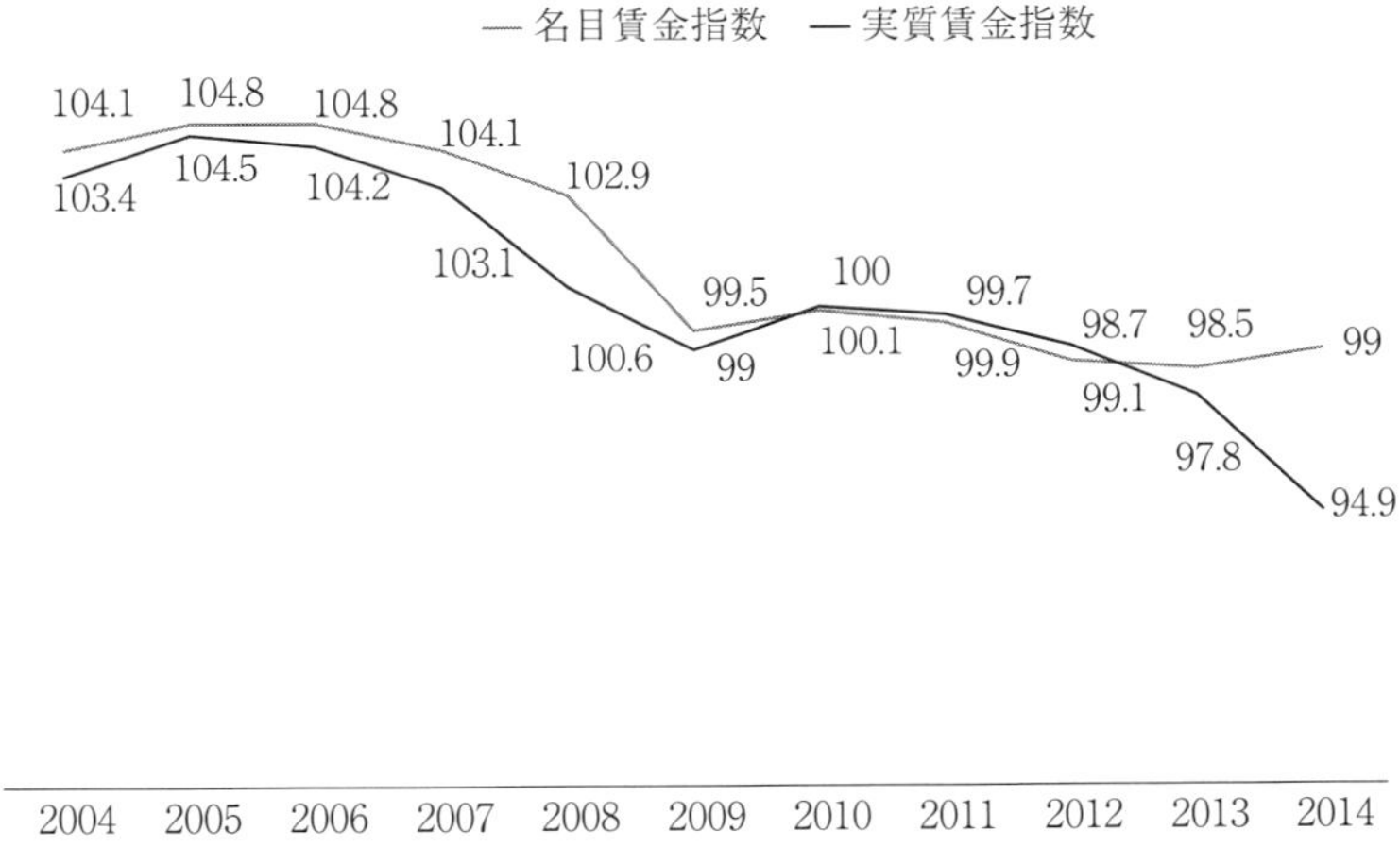

（出所）厚生労働省（人口動態統計）。

比マイナスが続いている。特に２０１４年４月の消費増税の影響が上乗せされているため、マイナス幅がさらに大きくなっているのが現状である。

３　ＴＰＰとこれまでの行政改革

日本のＴＰＰ（環太平洋戦略的経済連携協定）加入は、橋本政権以来の、米国から日本に要求されてきた「年次改革要望書」に基づく、構造改革要求に対する三段階目の回答なのである。すなわち、橋本行政改革が「ホップ」、小泉改革が「ステップ」、そして、ＴＰＰが「ジャンプ」となる米国から日本経済改革要求に対する回答なのである。

3・1　橋本政権の行政改革―ホップ

平成8（1996）年1月に発足した橋本政権は、景気刺激政策をとらずに架空の「財政危機対策」を優先して、新自由主義的な「財政構造改革」(6)によって、「虚構の日本経済改革」に乗り出したのである(7)。橋本政権は、公共事業費4兆円削減、消費税の5兆円増税、特別減税の廃止、2兆円増税、医療保険の削減（サラリーマンの自己負担が1割から2割にアップ＋薬剤費一部自己負担導入）。また、2兆円の社会保障費と国民負担に転嫁した。

橋本政権の「五つの改革」とは、（1）中央省庁再編を中核とする「行政改革」、（2）規制の撤廃・緩和政策を意味する「経済構造改革」、（3）ニューヨーク、ロンドンに並ぶ金融都市東京を創るという「金融ビッグバン」、（4）「社会保障改革」、（5）公債減額と消費税率を3％から5％にするという政策の「財政構造改革」である。この改革の中で、（3）の規制の撤廃・緩和政策は、米国が「年次改革要望書」で最も強く要望していたものである(8)。

橋本政権の「五つの改革」は、米国から提出された「年次改革要望書」に基づいて行われてきたことは今日では明白な事実である(9)。TPP加入後はこのような米国からの「年次改革要望書」は不必要になり、「米国の日本への要求が、直接的に出され実行されていく危険性をはらんでいる」のである(10)。

日本版金融ビックバン

平成8年11月、橋本政権は、「日本版金融ビッグバン」を発表した。①Free（市場原理が機能する自由な市場を実現）、②Fair（公正な市場経済の構築）、③Global（全世界的な経済システム）というキーワードのもとで、広範な市場改革の実行が提案されたのである。「欧米の金融市場改革にならって2001年までに東京の金融市場をニューヨーク、ロンドン並の国際市場に」するというのが、政策の目標であった。

「日本版金融ビックバン」とは、「自由・公平・グローバル」というキーワードを始めとして、「恒久減税」政策など、日本政府が目指す経済政策は、規制緩和や経済の自由化・国際化によって、日本経済を国際的な基準を満たした経済システムに再構築することであった。このような経済政策によって、日本経済のシステムは改善され、やがて日本経済は活力を取り戻し、新しい経済成長が始まるかのような議論が背景にあった。しかし、「自由・公平・グローバル」は結果的には「弱肉強食の経済システム」を出現させたのである(11)。

このことは、平等な所得分配を少しくらい犠牲にしても、能力のあるものが「報われる経済システム」を構築すれば、それが能力のないものの雇用を増加させ、結果としては経済が活性化するという思想が背景にあったのである(12)。しかし、1980年代の10年間におけるアメリカの上位1％の所得合計が下位40％の所得合計と同じであるというアメリカ経済の経験をみても、規制緩和、自由化は所得格差を増長させることは周知の事実である(13)。

日本の金融システムの米国化への改革

それ以後の改革と関連して最も大事な改革は、平成10（1998）年3月に法案が提出され、まともな議論もない状態のまま6月5日には成立し、12月には施行された「金融システム改革法」(14)、いわゆる「日本版金融ビッグバン」であった。このとき同時に「外国為替及び外国貿易法」も改定され、「対外取引」は原則自由になったのである。

戦前、日本の財閥は多くの金融機関を「持ち株会社」として傘下に収め、独占企業グループとして金融を支配し軍閥と繋がって戦争経済をリードしてきたとみなされた。また、米国は1929年の世界恐慌の経験から、商業銀行は証券界者との兼業を禁止されてきた。このような経験から、戦後日本においては財閥解体が行われ、銀行の証券業務との兼業化は禁止されていたのである。

独占禁止によって「持ち株会社」が禁止された日本の企業は、旧財閥グループ内での「株の持ち合い」によって、旧財閥グループの再結成を実現してきた。米国はこの「株の持ち合い」による資本の空洞化を批判して、日本的資本関係を否定する方向に議論を転じた。

1993年4月に施行された「金融制度関連改革法」は、銀行業、証券業、信託業の子会社による相互参入を許可して、1998年6月に成立した「金融システム改革法」によって、金融機関間の垣根が完全にはずされて自由化されたのである。今日では銀行、証券、信託、保険を「持ち株会社」によって金融業務を統合することが可能となったのである(15)。

また、株式売買手数料の自由化、証券投資信託規制の撤廃、有価証券店頭デリバティブの全面解禁などのように、米国の金融機関にとって営業しやすい環境が日本に成立したのである。このときから、日本の金融市場が米国の金融機関に開放され、日本の金融機関が米国の金融機関に買収される準備が完成したのであった。その後日本経済にバブルとバブル崩壊が生じたために、金融危機が発生して日本の金融機関の不良債権処理として米国企業による買収が実行されたのである。

例えば、日本長期信用銀行は1998年10月に政府の金融再生委員会によって特別公的管理に入り、一時国有化された後、実績も何もないペーパーカンパニーのニュー・LTCB・パートナーズ金融持ち株会社に1、210億円で譲渡されたのである。金融再生委員会は営業譲渡先の選定を、何故か、米国の金融機関のゴールドマンサックスに依頼し、リップルウッド・ホールディングスが中心となって設立した実績も何もないペーパーカンパニーのニュー・LTCB・パートナーズ金融持ち株会社に譲渡されたのである(16)。2000年6月長銀は「新生銀行」と名称を変更して2004年に東京証券取引所に上場して、株主のLTCBは株式の3分の1を売却して2、200億円を得た。評価額6、600億円であるから、5、390億円のキャピタルゲインであり、売却から購入額を引いた現金収入は990億円であった。

3・2　小泉改革―ステップ

小泉改革とは、「基本方針2001」によると、(1)民営化・規制改革プログラム、(2)

表7—2　所得税率の変遷

	49年	59年	62年	63年	元年	7年	11年	19年	27年
住民税の最高税率	18%	18%	18%	16%	15%	15%	13%	10%	10%
住民税と合わせた最高税率	93%	88%	78%	76%	65%	65%	50%	50%	55%
税率の刻み数（住民税税率の刻み）	19	15	12	6	5	5	4	6	7

（出所）財務省統計資料より作成。

チャレンジャー支援プログラム、（3）保険機能強化プログラム、（4）知的資産倍増プログラム、（5）生活維持プログラム、（6）地方自立・活性化プログラム、（7）財政改革プログラムの7つである。（1）民営化・規制改革プログラムと（7）財政改革プログラムは、「小さな政府論」の幻想の中で、日本経済をデフレ経済と所得格差社会にした元凶である。

次の表7—2は、昭和49年~平成27年の間の住民税の推移と、所得税の住民税と合わせた最高税率の推移である。最高税率が低下してきたことがわかるであろう。また、課税所得の階層（税率の刻み数）が次第に簡素化してきたことがわかる。同時に、低所得者への減税効果は少なく、高所得者への減税効果が大きかったことが問題である。

図7—3は表7—2の所得税の住民税と合わせた最高税率の推移である。最高税率が低下してきたことがわかるであろう。すなわち、高額所得者に対する減税効果は低所得者に対する減税効果よりも大きく、政府の歳入減少と家計間の所得格差の原因となってきたのである。

図7—4は、法人税率の推移である。昭和62年以降法人税率は低下している。これは、企業の海外移転を防ぐため、そして、海外から日

図7—3　所得税等の最高税率の推移

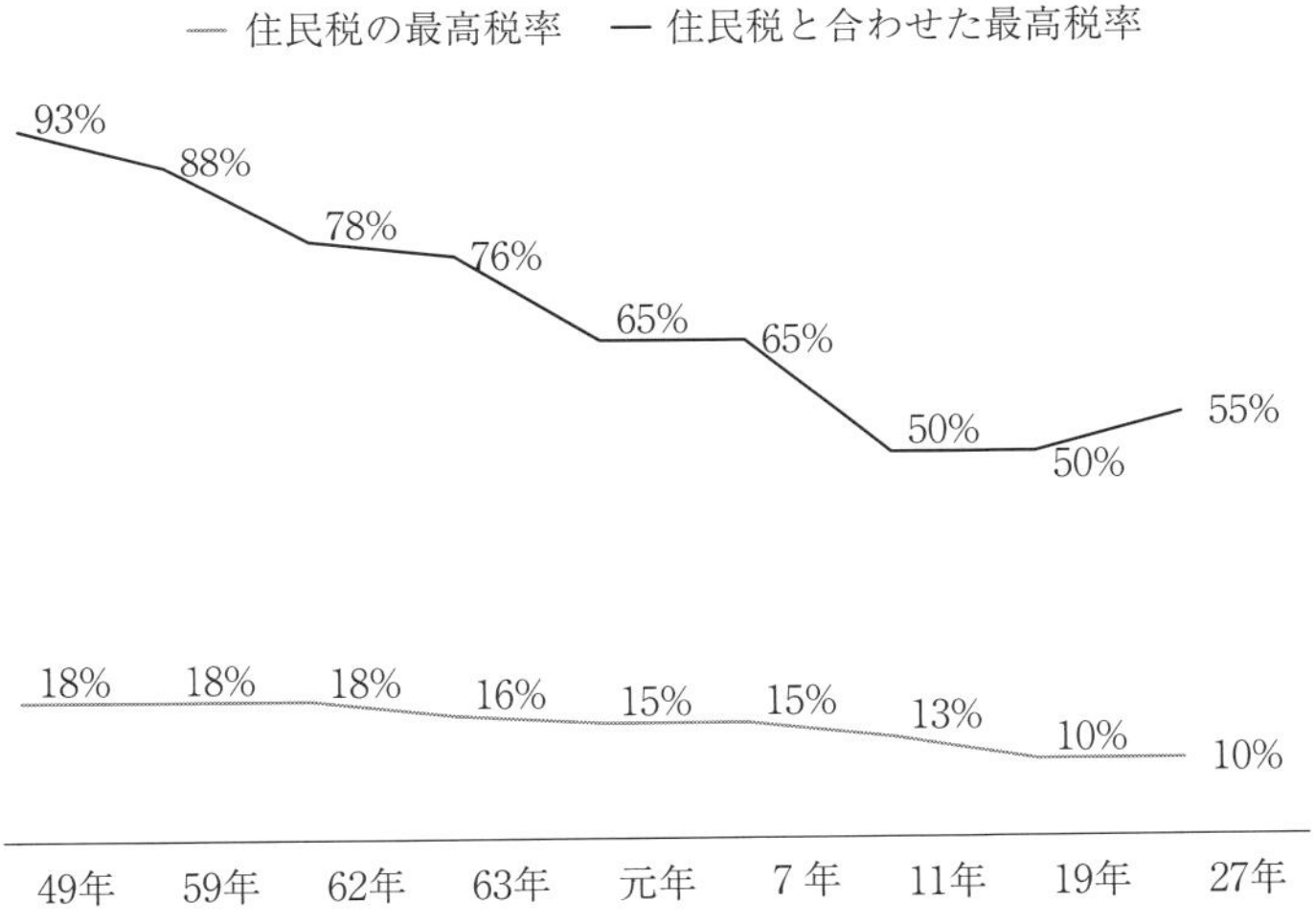

本への投資を呼び、国内の設備投資等を刺激するためであると説明されてきた。

以上見てきたように、家計に対する所得税率の低下と企業に対する法人税率の低下は必然的に政府の歳入を減少させ、財政逼迫を導いたのは当然の帰結であった。小泉改革とは大企業優遇政策によって減少した歳入に対応するように、一般会計の規模拡大を抑え、公共事業を削減して、歳出削減に取り組んだ結果として日本経済をデフレ経済に陥れていったのである。

郵貯民営化

郵政民営化論者は特殊法人の不良債権化を懸念し、その結果として生じている国債増発とその累増によって(17)、日本経済の衰退を危惧した。同時に、日本経済のバブルとバブル崩壊による銀行の不健全化と金

図７—４　法人税率の推移

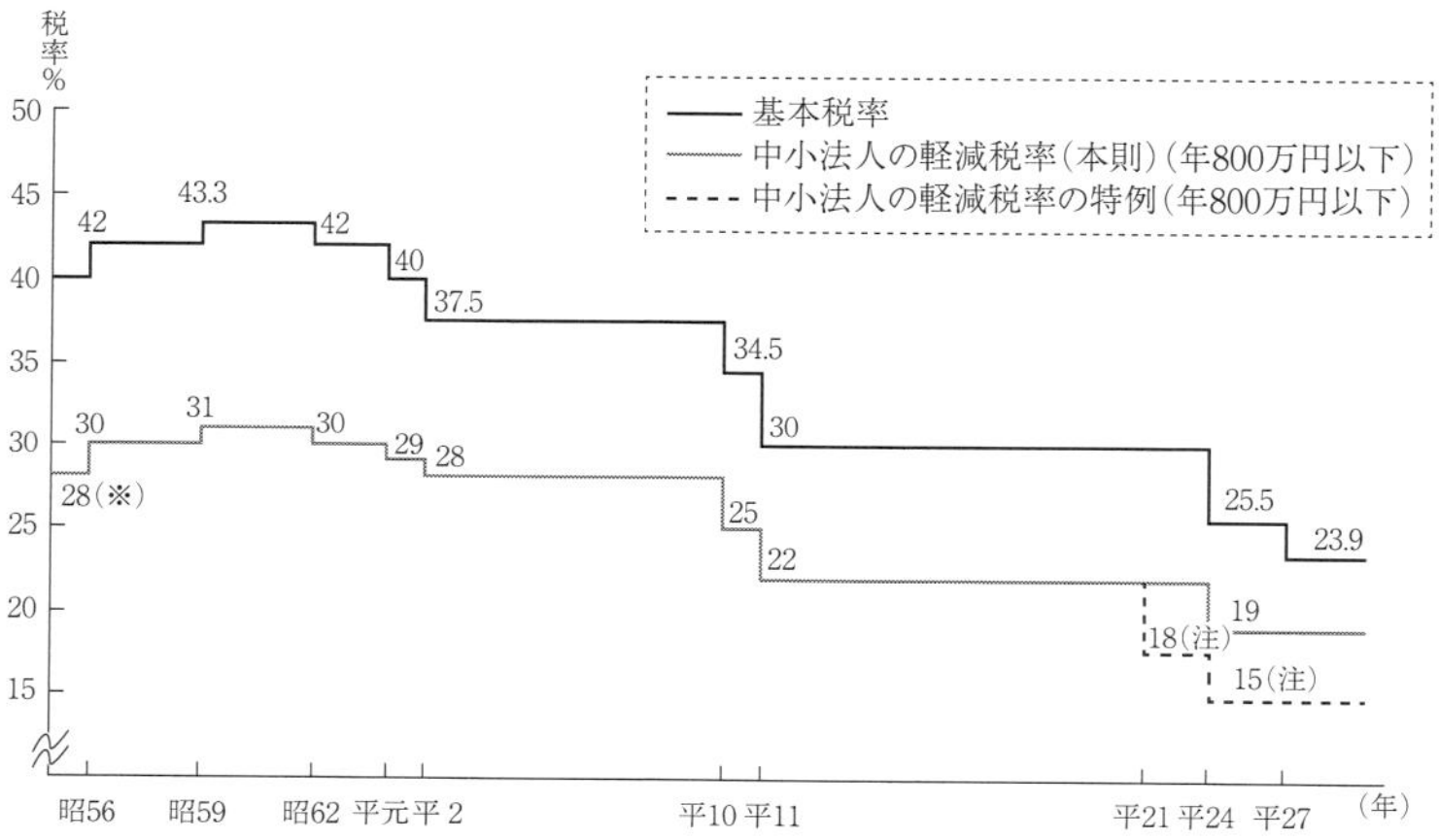

（注）中小法人の軽減税率の特例（年800万円以下）について，平成21年４月１日から平成24年３月31日の間に終了する各事業年度は18%，平成24年４月１日から平成29年３月31日の間に開始する各事業年度は15%。

（※）昭和56年４月１日前に終了する事業年度については年700万円以下の所得に適用。

融システムの不安定化について危惧したのである(18)。この２つの問題を同時に解決する名案が、「郵政三事業の分割民営化」案であると考えた人々が「郵政改革論者」であった。

　銀行健全化のためには、郵貯を民営化して不良債権処理を進めて、民間銀行を健全化させ、金融システムを安定化させて、日本経済の発展を促すというものである(19)。

　そのためには、郵便貯金が、①今後、国債を買わない、②回収不可能な（特殊法人の）資金を早急に回収することが必要である。そうすれば、金融面での「民業圧迫問題」が解決して、③銀行に預金が集まり、銀行の不良債権処理が進み、日本の金融システムが安定化するという説明だったのである。

3・3 TPP―ジャンプ

２０１０年11月9日、「包括的経済連携に関する基本方針」が菅直人内閣において閣議決定された。菅総理は「幕末、第二次世界大戦後に次ぐ国を開く政策である」として「第三の開国」であると説明した。米国とイギリスを始めとする西欧諸国に貶められた幕末の改革の真相を知らずに、大東亜戦争を太平洋戦争と歪曲された戦後の意味を理解せずに、そして、米国支配がいまだに続く日本経済の真った只中で(20)、「第三の開国」という言葉がもたらす日本人への相当の犠牲を理解しない権力者の無知がいわせる言葉である。

12カ国で構成されるＴＰＰの米国のターゲットは日本の資本市場と日本の富である。ＴＰＰ参加問題を工業部門対農業部門(21)の争いであるという誤った議論を展開する論者たちに見えていないものが、年金基金と医療保険制度、医療問題、そして、対日投資問題である。

医療制度への影響

オバマ大統領が実現した米国の医療保険制度とは、民間保険会社に任せる似非医療保険制度であり、米国の貧困層にとっては意味のない制度であり、米国の医療機関は営業利益を追求する機関として貧困層には縁のない医療システムとして機能しているのである。これに対して日本の医療保険制度は三割負担に負担率は上昇したものの国民皆保険制度であり、営業利益を追求しない医療法人によって運営されている。しかし、ＴＰＰ参加後は医療分野への株式会社の参入の道が開かれ、日本の医療システムが壊滅状態になる危険があるのである(22)。

日本医師会が危惧している項目は以下のようなものがある。（１）収入増と費用圧縮を追求することから、乱診乱療、粗診粗療が起こり安全性が損なわれるというような「医療の質の低下」、（２）利益を追求するために、不採算な患者や部門、地域からの撤退というように「不採算部門からの撤退」、（３）政策的に医療費が抑制されない自由診療の増収を図り、公的医療保険の給付範囲の縮小による結果として「公的医療保険範囲の縮小」、（４）医療の患者情報と民間金融の顧客情報が活用されて「患者の選別」が行われる、（５）医療機関の株式会社化が進んで利益が追求されれば医療費が高騰し保険料や「患者負担の増大」し、低所得者が医療から締め出される。やがて医師不足と医師の偏在が広がるというである(23)。

郵政民営化の仕上げとしてのＴＰＰ

米国通商代表部の２０１０年の「外国貿易障壁報告書」には、「日本郵政が民営化されるべきか、（別の方法で）再構築されるべきかについて、米国は意見を持たない」とし、郵政事業見直しの是非には中立の姿勢と強調した。ただし、「郵政金融機関とネットワーク子会社の見直しは、日本の金融市場の競争に深刻な悪影響を与える可能性がある」と指摘し、郵政会社と民間参入企業との「公平な競争条件の達成に必要なあらゆる措置を講じるよう求め続ける」と言明した。米政府は、郵政民営化見直しの動きについて注視を続けており、郵貯・簡保の限度額を引き上げる政府の改革案について懸念を表明したものとみられる。また、報告書は、郵便事業会社と国際速配業者との競争の「不公平な条件」も指摘。郵政改革の決定プロセスにおける透明性向上と適切な情報開示も求めていたのである。

小泉内閣の郵政改革・郵政民営化とは、米国によって指導された民営化であったことは明白である。世界第一位の資産を誇る「ゆうちょ銀行」の株式を米国資本が狙うという構図は、日本長期信用銀行が米国のペーパーカンパニーによって買い叩かれ新生銀行として米国資本となった経験から学ばなければならないのである。

日本がＴＰＰに参加することによって、米国は金融サービスの自由化としてこの民営化された「ゆうちょ銀行」と「簡保」の資産を狙っているのである。しかし、歴代内閣は日本人の蓄積してきた「ゆうちょ資産」や「簡保資産」の資産を日本人のために守るという意識は皆無である(24)。

【注】

(1) 希望出生率とは、結婚をして子どもを生みたいと思う人の希望が叶えられた場合の出生率を指す。具体的には、希望出生率＝［(既婚者割合×夫婦の予定子ども数)＋(未婚者割合×未婚者の結婚希望割合×理想の子ども数)」×離別等効果で計算される。

(2)評価・総括が未だに済んでいない中での新3本の矢を提出することに何の意味があるのであろうかというのが、率直な気持ちである。

(3)このような二者択一的な問題は介護だけでなく、育児にもいえる問題である。

(4)離職の理由として「介護で休みがちだから会社に申し訳ない」と辞職してしまうケースもある。

(5)トリクルダウン理論(trickle-down effect、均霑《きんてん》理論)とは、「富める者がより豊かになれば、貧しい者にも富が滴り落ちる(トリクルダウンする)」とする経済理論・経済思想である。「金持ちを儲けさせれば貧乏人もおこぼれに与れる」ということから、「おこぼれ経済」とも通称される。サプライサイド経済学の中心的な思想である。

(6)「橋本6大改革」(行政、財政、教育、経済構造、金融、社会保障)とも呼ばれる。

(7)消費税増税や医療改悪、大銀行への税金投入、日米安保共同宣言、新ガイドライン締結などである。

(8)1997年11月に出された米国による「年次改革要望書」では、「規制緩和を支持するは芋と首相及びその内閣の力強い発言に力づけられている」、「米国政府は、日本政府がビッグバン計画の一環として金融市場の規制構造の改正・強化に努力していることを歓迎する」としている(前掲書、p.36)。

(9)荻原伸次郎著「TPP　第三の構造改革」かもがわブックレット、かもがわ出版、2011年11月、pp.34-41。

(10)前掲書、p.37。

(11)従来の日本社会の「結果平等の経済社会システム」を「もたれ合いの社会」であると批判して、アメリカのように「誰でも努力すれば大統領になれる、あるいは、大金持ちになれる」という「アメリカンドリーム」を喧伝する米国が歴史上最善の経済社会システムであるかのように吹聴することは、「機会平等・結果不平等の弱肉強食」の社会システムに日本を変えることを目指していたのである。

(12)このような考え方は、「トリクルダウン」と呼ばれる。小泉政権のもとでの竹中平蔵氏の経済政策の背景にはこのような思想があった。

(13) 中国の「万元戸」を許す経済政策や「先に豊かになる人が後に続く人の雇用を生み出すことによって、結果として中国国民全員が豊かになる」という鄧小平の「南巡講和」に代表される開放政策は、海外から巨大な資本流入を導くことに成功し、沿岸地帯の経済成長を実現したが、同時に、中国国内の地域間格差と個人間所得格差を助長したのである。巨大な海外の資本は輸出のための生産を拡大し、雇用を増加させ、所得を増加させた。しかし、彼らの所得増加が沿岸部以外の地域への経済波及効果として表れるためには、中国国内の市場拡大と資本蓄積が同時に起こることが不可能なのである。

(14) 本来は、「金融システム改革のための関連法律の整備等に関する法律」という。

(15) 諸悪の根源であったはずの「持ち株会社」は、いつの間にか甦ったのである。

(16) しかもこの契約には「瑕疵担保条項」16があり、資産が二割以上減額すれば預金保険機構が当初の価値で買い上げるという有利な条件がつけられていたことは不自然ですらあった。

(17) このような国債の累増を招来したのは、政治家や各省の官僚に責任があることは明白であるが、それ以上に郵貯・簡保の「入口」と特殊法人の「出口」を十分に管理できなかった大蔵省の責任が最も大きいものである。

(18) 日本経済がバブルに突入した原因は、前川レポートの実行による日本経済の急激な国際化であり、バブル崩壊を加速したのは大蔵省によるＢＩＳ規制の性急な導入であった。

(19) しかし、そのための理論的根拠と政策の過程は説明されていないのである。

(20) イギリスにそそのかされて開始した日露戦争の賠償金を日本が完済したのは１９８６年である。そして、偽のハルノートに翻弄されて米国との戦争を開始して、大東亜戦争に突入していった日本の対米戦時賠償を日本が完済したのは２００３年であるという説がある。いまだに日本全国には進駐軍と呼ばれるべき米軍基地が至る所にあり、日本を監視している状態である中での開国とは何を意味するのであろうか。

(21) 農業問題については本書の第8章で議論する。

(22) 日本の医療システムに株式会社制度が導入されない場合には、ＩＳＤＳ条項の発動によって日本政府は大きな痛手を受けることになると危惧されるのである。
(23) 現在の医師不足は、小泉構造改革の一環である研修医の勤務先の自由化政策にその一因がある。
(24) 荻原伸次郎著「ＴＰＰ　第三の構造改革」かもがわブックレット、かもがわ出版、２０１１年11月、pp.56–58。

第8章
TPPと自由貿易

1　自由貿易体制と多角的決済システム

今日の世界の貿易体制は、第二次世界大戦終了後の１９４４年7月、アメリカ合衆国ニューハンプシャー州ブレトン・ウッズで開かれた連合国通貨金融会議（45カ国参加）で締結され、１９４５年に発効した国際金融機構についての協定である「ブレトン・ウッズ協定」の成果を踏まえて実施されているということができる(1)。

1・1　自由貿易体制とWTO

それぞれの国内産業の種類や規模、そしてこれまでの発展の経緯は異なっているために、国際貿易に参加することによって、各国間に複雑な利害関係が生じる。これらの多国間の複雑な財・サービス取引関係をできるだけ簡単に1つの共通のルールの下で、秩序正しく、自由に国際貿易が行えるようにまとめようとしてきたのがブレトン・ウッズ会議で話し合われてきた国際貿易機関（International Trade Organization, ＩＴＯ）や関税および貿易に関する一般協定（General Agreement on Tariffs and Trade, ＧＡＴＴ）の議論であった。その後、世界経済においては、ＷＴＯ（World Trade Organization）に基づいて世界の貿易システムを自由貿易の理想に向かうための議論が行われてきたのである。

例えば、6カ国間の自由貿易関係においては、図8—1からわかるように、15のバイラテラル（双方的な）な国際貿易関係と決済関係が成立しなければならない。

　現実の国際貿易の問題においては、多国間において経済理論が説明するような自由貿易体制を実現することは、歴史的にも理論的にも容易ではなく、また、貿易収支不均衡によって発生する決済問題は、それ以上に難解であり、解決不可能な課題であった。

IMF

多国間の自由な国際貿易の結果として多国間の貿易不均衡によって生じる決済問題をできるだけスムーズに調整するためには金を中心とした決済通貨を発明してきたのである。共通の決済通貨によって多角的な決済が容易に行われるように努めてきたのがIMF（International Monetary Fund）協定である。

　第二次世界大戦前の大恐慌期においては、西ヨーロッパの先進工業諸国が宗主国として自国と植民地間の貿易を1つのグループとして「ブロック経済化」し、ブロック経済の中では自由な貿易と決済関係を成立させながら、グループ外に対しては、排他的な行動を

図8―1　6カ国間の自由貿易関係
15（＝n（n−1）／2）
15のバイラテラルな国際貿易と決済関係が成立する。

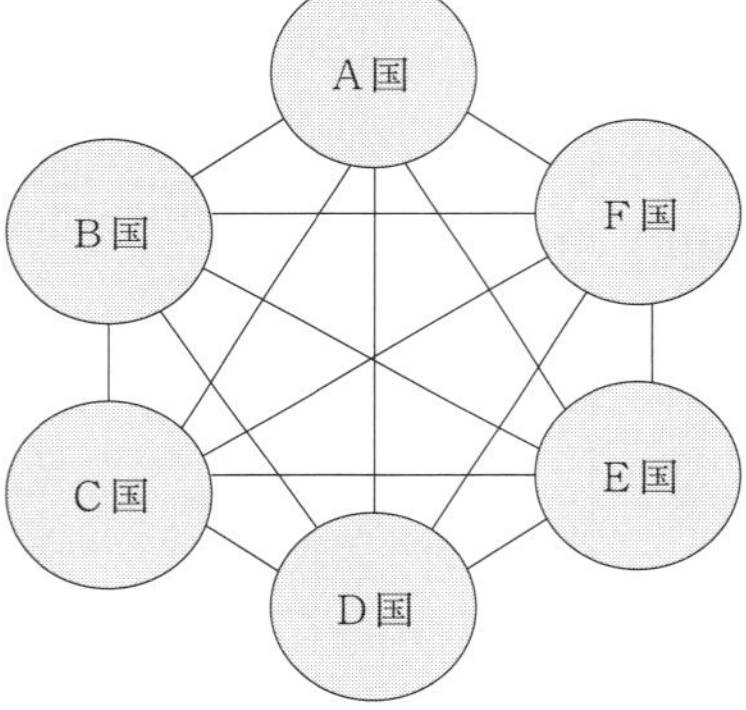

①自由貿易論　⇩　実現不可能

とったのである。この経済のブロック化は、15世紀の大航海時代以後の植民地争奪戦の時代に遅れて参加したドイツやイタリア、そして、日本にとっては経済的に不利な存在であったのであり、やがて第二次世界大戦の原因の1つとなったのである。

戦後、第二次世界大戦前の「ブロック経済化」に対する反省から、世界貿易を自由化し、世界中の国が参加してＧＡＴＴ（General Agreement on Tariffs and Trade：関税および貿易に関する一般協定）・ＷＴＯとＩＭＦをつくり、多角的な自由貿易と貿易決済をスムーズに行うシステムが構築された。

図８―２　ブロック経済化の中で自由な貿易と決済関係成立

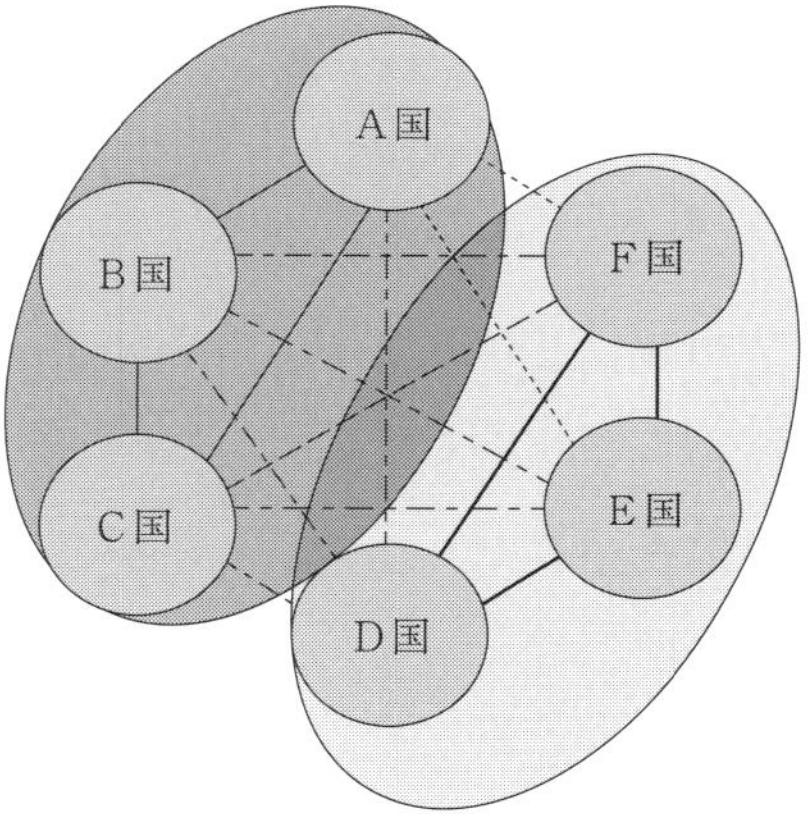

②第二次世界大戦の原因となった。

第二次世界大戦後の１９４８年3月24日、１９３０年代の世界恐慌やブロック経済が諸国の経済的対立を激化させて、第二次世界大戦発生の一因にもなったとの反省から、１９４４年のブレトン・ウッズ会議で設立されたのが国際通貨基金（ＩＭＦ）や国際復興開発銀行（ＩＢＲＤ、世界銀行）と国際貿易機関（ＩＴＯ）を設立するための国際貿易機関憲章（通称ハバナ憲章）が採択され、53カ国が署名した。

ブレトン・ウッズ会議において、国際的な決済システムとしてＪ・Ｍ・ケインズによって提

図8—3　自由貿易を前提として，アメリカのドルを基軸通貨とする多角的な決済関係が成立する ⇒ IMF（1オンスの金＝35＄）⇒ アメリカ貿易収支赤字の原因は，基軸通貨ドル自身にある

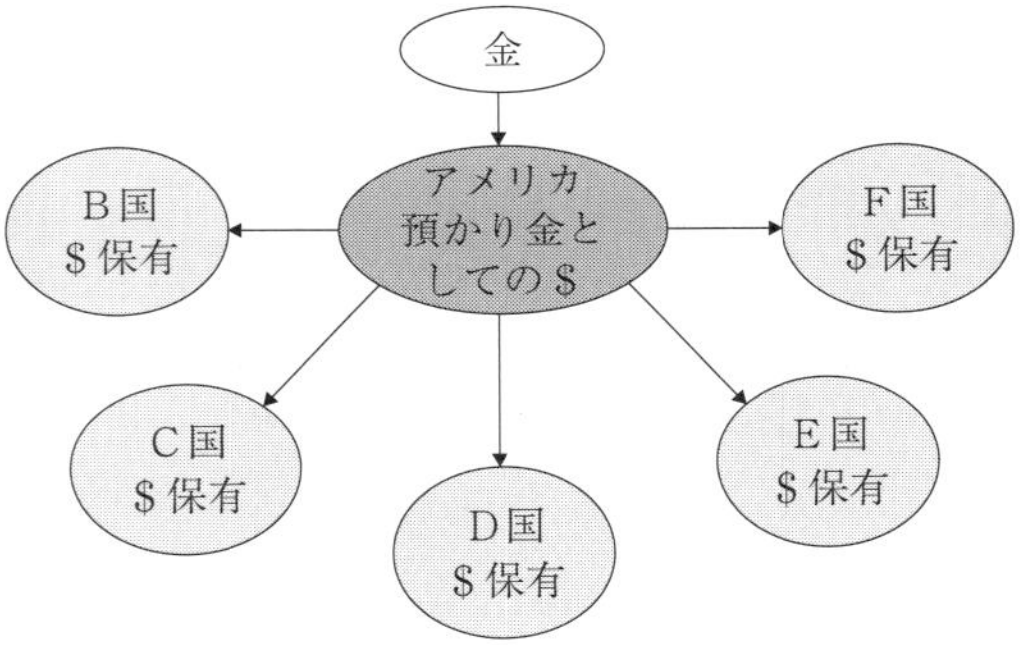

唱されたのが「国際清算同盟案」であった。各国の中央銀行を束ねる信用創造機能を有する国際中央銀行[2]の創設とケインズが「バンコール」[3]と名付けた政府間通貨＝基軸通貨としての「バンコール」を不兌換紙幣の国際準備金として国際社会に提供することを提案したのである。

しかしこの提案は、米国のドルを基軸通貨とする米国案と激しく対立した。この議論の後に創設されたのは、米国が主導する短期資金を融通する組織、IMF（国際通貨基金）であった。IMFは、金と交換性を保った米ドルに他国の通貨をリンクさせ、為替相場を維持して通貨・金融の安定を目指すものであった。すなわち、アメリカのドルを基軸通貨とする多角的な決済関係が成立したのである。

この関係は、図8—3のように表される。このとき「1オンスの金＝35＄」と定義され、アメリカ政府はこのドルの金に対する為替相場を平価（Parity）として維持することを約束したのである。

このブレトンウッズ・システムは、戦後の経済復興期の間のしばらくの間は問題が表面化

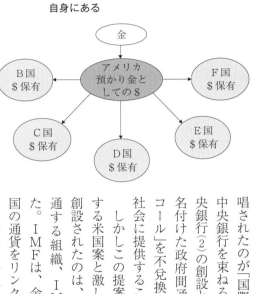

せずにすんだが、1960年代の世界経済において経済成長が開始されると種々の欠陥がみられるようになった。基軸通貨国としての米国の経常収支赤字の継続と金価格の上昇が問題として顕著になってきたのである。戦後、アメリカ経済は貿易収支赤字が続き、政府の赤字とともに「双子の赤字」と呼ばれた。このアメリカの「双子の赤字」の原因は、アメリカドルが基軸通貨であること、そして貿易相手国が外貨準備としての米ドルを保有し、その保有額を増加させようとすることから発生したのである。

R・トリフィンは、アメリカの経常収支の赤字が継続すればドルが過剰になりドルの信任が低下することになる。一方、アメリカが貿易収支の均衡を維持しようとすればドル不足に陥るという、「トリフィン・ジレンマ」を説明した。このようなジレンマが発生する原因は、米ドルという一国の通貨が国際通貨の役割を持つことが原因であり、主権国家の通貨とリンクしない準備通貨が必要であると結論づけたのである。この「トリフィン・ジレンマ」こそが、ケインズの「幻の世界銀行」としての「国際清算同盟」によって避けられるジレンマであったのである。

SDR

国際通貨不足を補うために、1967年のIMF総会において特別引出権（SDR: Special Drawing Right）の創設が決定された。その後、各国の批准を経て1969年、特別引出権（SDR）が実現したのである。SDRは、ケインズの提案した政府間通貨「バンコール」の一部であったのである。

SDR1単位の価値は、1米ドルに相当する金表示によって示された。現在SDRは、IMFの出資金に比例して加盟国に配分されている。その価値は、主要な国際通貨のバスケット（加重平均）に基づいて決められている。バスケットの構成は、世界の貿易および金融取引における各通貨の相対的重要性を反映させるよう5年ごとに見直されることになっている(4)。2016年現在の通貨ウエイトは、ドル41・9％、ユーロ37・4％、円9・4％とポンド各11・3％である(5)。SDRの創設によって、IMFの貸出能力は拡大した。

国際的な自由貿易体制を維持しながら、アメリカのドルから解放されたいドイツとフランスを中心とした諸国間のグループが共通の通貨として「ユーロ」を出現させた。アメリカのドルから解放されたいドイツとフランスを中心とした西欧諸国はユーロ経済圏を構築したのである。

1・2 FTA・EPAとの相違

多様な農業の共存をも認めるWTOの交渉は全会一致の原則があるために各ラウンドでの合意達成は困難であった。このWTOの例外的措置としてのFTA（Free Trade Agreement、自由貿易協定）とEPA（Economic Partnership Agreement、経済連携協定）が結ばれるようになったのである。

FTAとは2カ国以上の国・地域が関税、輸入割当など貿易制限的な措置を一定の期間内に撤廃・削減することを定めて締結国・地域間で物品およびサービス貿易の自由な貿易を実現し、貿易・投資の拡大を目指す協定である。一般的には、2国間協定が多いが、北米自由貿易協定等の多国間協定もある。

ＥＰＡとは、ＦＴＡに加えて、貿易以外の分野、投資、政府調達、知的財産権、人の移動、ビジネス環境整備など広範囲な取り組みを含む協定、締約国間の貿易・投資の拡大を目指す協定である。

物品貿易に係る自由貿易協定については、世界貿易機関（ＷＴＯ）のＧＡＴＴ24条においてその要件が定められており、構成国間の実質上すべての貿易について妥当な期間内に関税等を廃止すること、域外国に対する関税を引き上げないことという2つの要件を満たす場合に限り、最恵国待遇（すべての加盟国に対し無差別待遇）を基本とするＷＴＯ原則の例外として認められている。

アメリカは今後ともドル経済圏を維持したいと考えている。それがＥＰＡ・ＦＴＡ・ＴＰＰによって各国を米国のグループに巻き込み、アメリカのドル圏を維持したいという努力である。

2 TPP

戦後、世界経済が目指したＷＴＯのもとでの自由貿易の実現は、いくつかのラウンドの後に頓挫してしまった。ＴＰＰ（環太平洋パートナーシップ、環太平洋戦略的経済連携協定）とは、国境を越えて財・サービスが自由に行き来できるようにするだけではなく、食品安全や医療、雇用、投資などに関するルールや仕組みについても統一しようとする協定であり、

WTOにおいて頓挫した内容を、同意できる仲間だけで実現しようとする協定である。

TPPはFTAとEPAの発展系として位置付けることができる。また、アジア太平洋自由貿易圏（FTAAP）に向けた道筋の中で実際に交渉中のものであり、同地域における「高い水準の自由化が目標」である。

日本国内の議論としては、TPP反対派の「農業」対TPP賛成派の「製造業」の議論であるかのような報道が多い。「製造業派」には、「GDPの1・5%でしかない第一次産業を守るために残りの98・5%が犠牲になっている。」と主張する人達もいる。また、経団連関係者は「TPPに参加しなければ日本は世界の孤児になってしまう。」という妄言を言う指導者までも存在する。

しかし、本当の問題は「農業」対「工業」のような単純な問題ではない。食品の安全問題だけではなく、医療、雇用、投資や金融問題のような別のところにあるのである(6)。

TPP交渉の過程

TPPの交渉の過程は次のようにまとめることができる。

2006年　シンガポール、NZ、チリ、ブルネイの4カ国で「P4」が発効した。

2008年9月　米国が交渉開始意図を表明した。

2010年3月　米、豪、ペルー、越を加え8カ国で交渉が開始された。

同10月　マレーシアが交渉に参加し、計9カ国になった。

２０１１年11月　日本、カナダ、メキシコが交渉参加に向けた協議開始の意向を表明した(7)。

２０１２年10月　メキシコ、カナダが交渉に参加して、計11カ国になった。

２０１３年11月23日　日本を含む参加12カ国によりＴＰＰ交渉の会議参加について合意に至る(8)。

２０１５年10月　大筋合意が成立（アトランタ閣僚会合）した。

現時点で、韓国、タイ、フィリピン、台湾等の国・地域もＴＰＰへの参加についての関心を示しており、中国もＴＰＰについて「開放的な態度」とし、将来的な参加の可能性を排除していない。

以下は２０１５年10月５日約５年半の協議の末、参加各国で大筋合意した覚書である(9)。

ＦＴＡの基本的な構成要素である物品市場アクセス（物品の関税の撤廃・削減）やサービス貿易のみではなく、非関税分野（投資、競争、知的財産、政府調達等）のルールづくりのほか、新しい分野（環境、労働、分野横断的事項等）を含む包括的協定として交渉されている。しかし、具体的な内容は一切公表されていないのである。

ＴＰＰは「例外を認めない関税撤廃交渉」だけではなく、参加国同士でのさまざまな「規制緩和やルールの統一化」を目的としている。

関税は、日本は、10年以内に95％の物品の関税が撤廃となった。しかし、個別の安全基準は、大筋合意の２０１５年10月５日までには議論されることはなかった。協定の発効は、早くて2016年、各国の議会が賛成して批准した場合であり、ここからそれぞれの国において、大筋合意の内容について、参加するべきかするべきでないかが話し合われる(10)。

ラチェット規定

「ラチェット規定」とは、一度自由化・規制緩和された条件は当該国の不都合・不利益に関わらず取り消すことができないという制度である。大筋合意の前に合意内容を国民に公開すべきであった。

TPPのルール上、離脱はいつでも可能とされているが、実際には海外企業からの莫大な損害賠償請求が予想されるために、TPPからの離脱は極めて困難と考えられている。

3　工業への影響

米国の製造業の多くはすでに海外進出しており、米国内の製造業への影響はないと説明されている。日本から米国への輸出の3割を占める乗用車の関税は2・5%しかなく、しかも、すでに米国内で生産しているために関税がゼロになったとしても輸出が大きく増えることはないという意味では、日本の最大輸出製品の自動車部門にとってのメリットは小さい。すなわち、TPP協定で増加するのは日本の輸出ではなく、米国から日本への輸出なのである。

労働市場への影響

このような貿易協定の発効によって、日本国内の失業増加の危険がある。米国においては、すでに、海外の安い労働力によって生産された製品は、自由貿易のメカニズムによって米国に安価に輸入されるため、米国の労働者は海外の低賃金労働者と競争する経済状態となっているために労働者の労働市場における交渉力の弱体化によって、正規雇用の中流層の男性労働者の所得は40年前よりも低い状態である(11)。

米国においては、今日、2,000万人程度がフルタイムの仕事を望みながらも困難な状態であり、何百万人もの人が求職活動を諦めた状態なのである。高い失業率と大量の非正規社員の存在が、国内経済の賃金率を下落させる圧力となって被雇用者の所得を停滞させているのである。このような賃金下落傾向が総需要の不足を生み出して、デフレ経済を生じさせているのである(12)。

4　日本の農業は世界の上位の規模であること

日本の農業は衰退状態である。なぜならば、「農業従事者の約60パーセントが65歳以上」であり、食糧危機が起こって輸入が途絶えたら、国民が飢餓に瀕するというイメージが一般的である。このような農業観は「農業版自虐史観」でさえある。

日本の国内農業生産額は2005（平成17）年時点で、826億ドル、8兆円相当の規模で、これは中国、米国、インド、ブラジルに続き、世界第5位であった(13)。先進国内では、アメリカに次ぐ第2位である。米国（1、775億ドル）の半分程度、人口も米国の半分程度であるから、国民一人あたりの農業生産額は同程度であり、日本は農業について大国である。

欧州の農業大国フランスは6位で549億ドル、ロシアは7位で269億ドル、オーストラリアは17位で259億ドルである。日本の生産額はこれらの「農業大国」をはるかに上回っているのである。

食料輸入額

日本の農産物輸入を米英独仏の先進4カ国と比べると（2007年データ）、輸入額は、米国の747億ドル、ドイツの703億ドル、英国の535億ドルに次いで、日本は460億ドルと第4位であり、日本は主要先進国の中では少ない方である(14)。

また、国民一人あたりの輸入額は、英国の880ドル、ドイツの851ドル、フランスの722ドルに次いで、日本は360ドルであり、最も少ない米国は244ドルである。以上のことから、日本は食糧輸入大国ではないことが理解される。

5　食糧自給率の問題

日本は食料自給率が低いという常識が世間にはびこっている。日本のカロリーベースでの

図8―4　主要国の食糧自給率比較

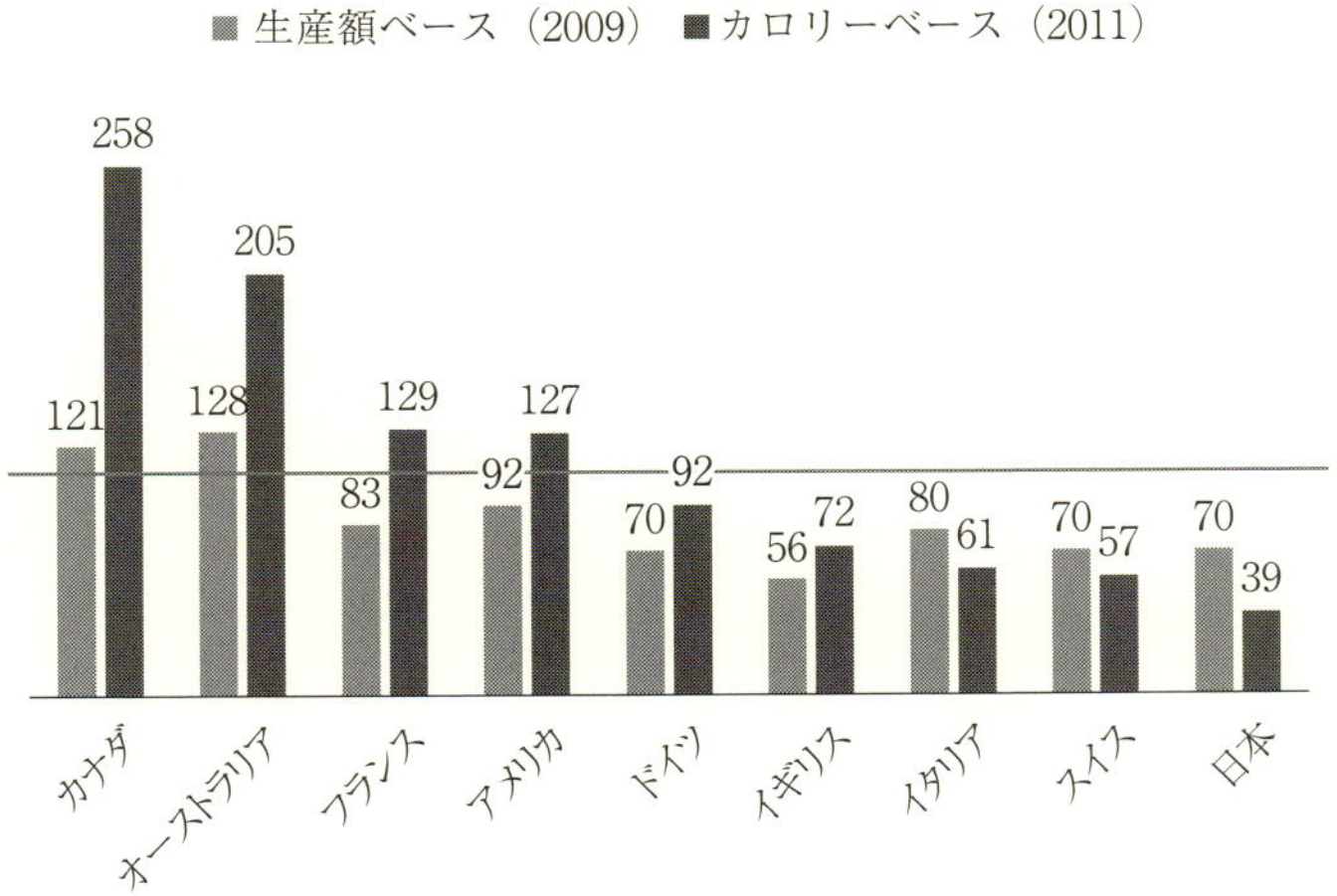

自給率は39％であり、生産額ベースでの自給率70％程度であるからである。

この事実を受けて、食料自給率上昇のための日本政府の農業政策は、輸入を減少させて、国内生産量を増加させるという政策である。しかし、この政策の前提としてのカロリーベース自給率の定義に問題があり、自給率を上げる政策に問題がある。

5・1　カロリーベース自給率の問題

カロリーベース総合食料自給率とは、一人1日あたりの供給カロリーのうちの国産供給分の比率である。

カロリーベース総合食料自給率は、分母が国民に供給されている食料の全熱量合計であり、分子が国産で賄われた熱量で計算される(15)。

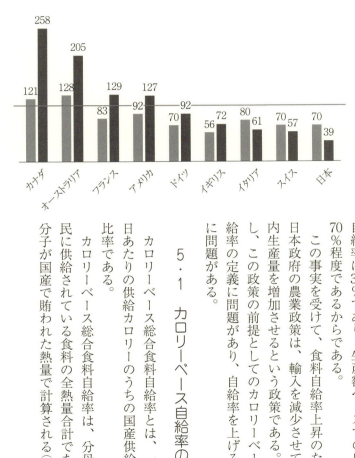

カロリーベース総合食料自給率(16)

$$=\frac{1人1日当たり国産供給カロリー}{1人1日当たり供給カロリー}$$

国民が健康を維持する上で必要なカロリーではなく、輸入も含め国民に供給されている食料の全熱量合計であるため、国内の農業生産が変わらなくても輸入が減ると自動的に自給率が上昇することとなる。輸入が途絶えると一部の輸入品が不足するが自給率は計算上100％となる(17)。

分子の計算は、畜産物については、国産であっても飼料を自給している部分だけカロリーベースの自給率に算入する。しかし、畜産には飼料が必要なように、穀物・野菜・果物生産に欠かせない肥料についての自給率は一切考慮されていないのである。農家経営効率化のために、稲作から果実・野菜等に転作した場合、農家総収入が増える場合でも、園芸作物は一般にカロリーが低いためカロリー自給率は低下するという矛盾が発生するのである。

5.2 食料自給率

日本の国内消費額は、2007年度において、15兆941億円の生産額ベース総合食料自給率は次のように計算される。

$$\text{生産額ベース総合食料自給率}^{(18)} = \frac{\text{国内生産額}}{\text{国内生産額} + \text{輸入額} - \text{輸出額}}$$

$$= \frac{10\text{兆}37\text{億円}}{10\text{兆}37\text{億円} + 5\text{兆}902\text{億円}}$$

もし、日本の食糧輸出額が2兆円になったと仮定すると、日本の国内消費額は、15兆941億円のままで、日本の生産額ベース総合食料自給率は79・95％となるのである。

$$\text{食料自給率} = \frac{12\text{兆}37\text{億円}}{12\text{兆}37\text{億円} + 5\text{兆}902\text{億円} - 2\text{兆円}} = 79 \cdot 95\%$$

さらに、日本の食糧輸出額が輸入額と等しい5兆902億円になったと仮定すると、日本の国内消費額は、15兆941億円のままで日本の生産額ベース総合食料自給率は100％となるのである。

$$\text{食料自給率} = \frac{17\text{兆}939\text{億円}}{17\text{兆}939\text{億円} + 5\text{兆}902\text{億円} - 5\text{兆}902\text{億円}} = 100\%$$

生産額ベース総合食料自給率は、米国、フランスに次いで3位の66％である。米国やフランスは輸出額が輸入額よりも多いから自給率が高いのである。

5・3 小麦

小麦は、寒い産地の方が良い小麦が生産されるといわれている。例えば、パン用は北海道、うどん用は九州である。今日、品質的には国産と海外産との差異はないと説明されており、輸入調製品としても輸入されている。

小麦製粉の技術は日本が世界一であるといわれている(19)。日本の製粉業においては、小麦は米国・カナダから輸入し、機械はドイツ製を使用して、日本人労働者の技術力で加工している。小麦の製粉によって、小麦粉85%+飼料15%と分類されるから、海外生産の小麦の場合は、飼料は販売して、製粉した小麦粉だけを輸入する方が輸送費はより安くなって有利である。また、小麦は挽いてからエージング(Aging:安定化)するのに約1カ月程度必要であるから、製粉業界が海外進出して小麦を加工して、同時に海外の小麦粉の市場を開発して、一部を逆輸入した方が、エージング期間が輸送期間となり、より安くより美味しい小麦粉を輸入することが可能となるのである(20)。

プレニックス(あらかじめ混合したもの)は、砂糖や乳製品の価格との関係から、海外生産の方が、国際競争力が維持できて、国内にもより安く供給することが可能となるのである。また、乾麺や冷凍麺は1年間以上もつため海外生産のメリットはある。しかし、チルド麺については食味期限が2~3日であるために無理である。

5・4　米と米粉

米粉は劣化が早いため、海外からの輸入には向かない。また、うどんや蕎麦は「挽きたて」、「茹でたて」が、餅はつきたてが美味しいという事実から、「うどんと蕎麦は国産が旨い」という結論が得られる。すなわち、米と米粉は輸入には向かない製品であるために、国内生産・供給を重要視するべきである。

もし、米の輸入自由化が行われた場合には、消費者の価格と品質との関係についての理解能力と判断能力が問われる製品となるのである。

発癌性物質を含む食糧輸入の自由化問題

収穫（ハーベスト）された後（ポスト）に、収穫物の果物や穀物、野菜に散布する農薬。生産地から遠い消費地（外国等）へ時間をかけて運ばれる農産物は、運送時間が長いほど、運搬中に害虫やカビが発生し、品質を悪化させて商品価値を下げる危険性がある。万一カビが発生した食品を口にした消費者が食中毒などを起こすと大変な問題である。このような事件を防ぐために使われるのがポストハーベスト農薬である。

① ポストハーベスト農薬は、通常畑で使われる農薬の１００～数百倍濃い濃度である。
② 農薬は表面に付着するだけではなく、皮の中にまで浸透する危険性がある。そのため、洗い落としきれない。
③ 使われる農薬の中には、発がん性や催奇形性が疑われる薬剤も存在する。

このような危険な薬物を含んだ農産物の輸入自由化について政府は説明をしていないのである。

6　医療への影響

アメリカには国民皆保険制度が存在しないため、各人が民間の保険に加入しなければならない。そのために、国民の保険料や治療費負担は非常に高額となっている。米国では無保険者が5,000万人もいるといわれている根拠である(21)。しかし、日本において医療（公衆衛生制度）は、社会的制度とみなしているが、TPP交渉では商業的活動とみなされていることから、相当の摩擦が発生すると考えられる。この極端な相違についてTPPの合意文章の中には何も説明されていないのである。この件は、日本政府の交渉能力の問題である。

医療を商業的活動とみなしている米国は、国際的医療産業を最大の戦略産業として位置付けて、さらなる市場拡大を狙ってTPPを考えている可能性がある。

TPP加入合意に至り、この協定を議会において批准するということは、日本における医療（公衆衛生制度）の国民皆保険制度を崩壊させる可能性があることを理解しなければならない(22)。

TPP加入は、日本経済において所得格差による医療格差を受け入れるということを意味しているのである。政府はこのような事実を国民に何も説明しないまま、TPPを金科玉条としているのである。

医療についての問題には、外にも次のような問題がある。

①　未承認新薬の承認スピードが早まることから生じる問題。

② 所得格差に対応した診療格差が拡大する恐れがあること。
③ 米国の高度な医療技術（移植など）が国内で受けられるという事実の反面、医療の質の保証の問題が不確定である。
④ 過度なコスト削減で医療の質が低下する恐れがあること。
⑤ 混合診療解禁によって高額の自由診療の増加が期待されるとともに、健康保険適用診療範囲の縮小という問題が生じる可能性があること。
⑥ 無医村の増加、地域医療の崩壊の可能性が高くなること。
⑦ 医薬品や血液製剤の規制緩和もアメリカはＴＰＰ交渉において望んでいること。
最悪の場合には、結果として、日本国内の医療の質の低下と高額の保険外診療が拡大するのである。

7　ＩＳＤＳ条項

ＴＰＰにおけるアメリカのターゲットは日本の農林漁業ではない。日米関係とは、アメリカの独善に対して協調性のない日本の関係である(23)。アメリカの日本に対する要望とは、アメリカから見た「日本のルール違反」に対する制裁である。それゆえに、日本が「ＴＰＰに入ったら、ＩＳＤＳ条項で日本が駄目になる」という可能性があるのである。

ＩＳＤＳのＩとは、Investor（投資者）、Ｓとは、State（国家）、ＤとはDispute（議論・

紛争等の意)、ＳとはSettlement（論じる討議する等の意）である。すなわち、ＩＳＤＳ（Investor State Dispute Settlement）とは「投資家対国家間の紛争解決条項」である。あるいは、ＩＳＤ条項ともいう。

協定を結んだ国々中で、外国企業が事業を展開していて不当な差別があった場合、政府を相手どり協定違反による損害を「賠償せよ」との訴訟を起こし、現地の法律や行政手続きにはしばられない海外の仲裁法廷に持ち込むことができるからである。投資家（企業）が国へ「賠償」を求める方法を決めた条約である。政府による賠償は、その国の納税者の負担であるから、国民の負担である。世銀や国連に設置される仲裁法廷で判事を務めるのは民間セクターの法律家であり、企業の顧問弁護士を生業とする人々であり、利益相反にもかかわらず、仲裁法廷の裁定が国内法に優先され、主権が制限されるのである。

このＩＳＤ条項は「投資」や「サービス」の約束に対して適用され、日本国内にとって重要な「環境」や「安全」は対象にならないのである。すなわち、ＩＳＤ条項では、「環境」や「安全」よりは「企業利益」が優先されるのであり、海外企業を保護するために内国民待遇が適用されるのである(24)。

当該企業・投資家が損失・不利益を被った場合には、国内法を無視して世界銀行傘下の国際投資紛争解決センターに提訴することが可能である(25)。すなわち、日本に進出している外国の企業が、日本独特の法律や制度が原因で損失を受けた場合に日本を訴える可能性があるという意味である(26)。このとき、訴える先は日本国内の裁判所ではなく、世界銀行傘下のＩＣＳＩＤ（国際投資紛争解決センター）という仲裁所であり、国の立場よりも投資家側に近い機関である。

審理の基準が投資家の損害だけに絞られる点が問題であり、ここでの審理は原則非公開で行われ、下された判定に不服があっても日本政府は控訴できないという問題がある。このようなシステムは、どの国の権力が及ぶ機関なのかが問題である。そして、権力のある国の投資家は有利となり、裁判で負けた国には、損害賠償命令等を出すことができるのである(27)。例えば、「不当な差別」とみなされた制度や慣行、政策が、国民の安全や健康、環境のためであったとしても、一切審理の材料にならないのである(28)。

日本のように独特の法律や制度が存在することが原因で、損失を受けたと考えられたならば、当該企業は訴えることができるのである。日本は、ほかの国と違って、食の安全の規制が高いために訴えられる可能性が高いと考えられている(29)。

ＩＳＤＳ条項の適用によって、社会保障制度が崩壊し、貧富の差が拡大するであろう。また、郵貯・簡保も外資に乗っ取られることになるであろう。また、マスメディアなどが外資に乗っ取られ、「日本」という国家の主権が脅かされる可能性もあるのである。

8　ＴＰＰ参加後の日本の悲惨な将来の可能性

ＴＰＰ参加後の日本経済の将来を考える上で参考になるのが、米韓ＦＴＡの経験である。

8・1　食糧と農業問題

食料品に関する限りは、食品表示ができなくなるために、「食の安全」は誰も守ってはくれない状態が日本に到来する。

日本の第一次産業（農・林・水産業）は、農協などが指摘するように無策のままであれば日本の農業は壊滅状態となるであろう。そして、日本は食糧不足の恐怖に常にさらされることになるであろう。しかし、その対策は農協が求めるものとは異なっている。

「農業従事者の約60パーセントが65歳以上」というのは、お年寄りがいくつになっても元気で田畑を耕したり、あるいは兼業農家をやっていた会社員が定年後に晴耕雨読の生活をしたりしているからである。

日本の農業大国を支えているのは、このような高齢化農家ではなく、少数精鋭農業従事者である。約２００万戸の販売農家（面積30アール以上、または年間の農産物販売金額が50万円以上）のうち、売り上げ1千万円以上の農家はわずか7％の14万戸しかないが、彼らが全農業生産額8兆円の6割を産出しているのである。売り上げ１００万円以下の農家が１２０万戸、６割も存在するが、彼らの生産額はわずか5％に過ぎない。売り上げ１００万円以下とは、耕作の目的はあくまで自家用やおすそ分け用であって、余った分を販売に回しているに過ぎない。国民全体の食生活を支える存在ではないのである。プロ農業者が、日本の農業生産性を高め、食料供給を支え、農業大国の大黒柱となっているのである。

日本の農業を強くして、国民がおいしい・安全な農作物を食べられるように、万一の場合の食糧安全保障を図るには、プロ農家の発展政策が課題なのである。

農産物貿易の拡大によって、ドイツは420億ドル、英国は200億ドルの輸出が増加した。しかし、同期間の日本の輸出の伸びは17億ドル程度しかなかったのである。エレクトロニクス産業や自動車産業が海外市場で競争力を磨き、規模を大きくしてきたように、日本の農業も海外進出を図るべきである。

世界の農産物貿易額は急速に拡大している。1961年に670億ドル（約7兆円）だったのが、2007年1兆7、800億ドル（約180兆円）と拡大。2000年以降は年平均10兆円の伸びである。農業は世界の成長産業なのである。

8・2 雇用問題等

海外企業は賃金の安い外国人労働者を雇って生産を行い、日本に製品を送り込むことになり、海外からの安くて質の悪い商品が国内市場に氾濫し、日本経済のデフレ不況は加速されるであろう。あるいは、海外からの安価な賃金の労働者が大量に流入し、国内の失業者は増大して、治安の悪化が生ずるであろう。

公共事業への海外の企業にも入札を可能としなければならない。地元の中小企業は相対的に国際競争力が低いために受注が困難となり、公共事業に頼る業界で成り立つ地方経済は疲弊することになる。その結果、国内の雇用は悪化し、公共施設の入札に海外企業が参加し、

「手抜き工事」による事故が多発する可能性は否めない。
契約などでトラブルが起こった場合には、国内の法律では適応されず、米国人の弁護士の活動が拡大する。このことから、日本の法曹界も危機に直面することになるであろう。

【注】

（1）ドイツとの戦争終了後の意味である。正式には連合国通貨金融会議という。この会議においてブレトン＝ウッズ協定が締結され、この協定に基づいて1945年に国際通貨基金（IMF）協定と国際復興開発銀行（IBRD）協定（通称世界銀行）が制定された。ソ連は代表団を派遣して会議に参加し、協定にも調印したが、最終的には批准しなかった。

（2）中央銀行の中の中央銀行という提案である。

（3）1944年のブレトン・ウッズ会議において英国代表をつとめたケインズが提唱した国際決済通貨。英語の bank（銀行）と仏語の or（金）を組み合わせた造語。米国の反対で実現せず、ドルを基軸通貨とする体制が始まった。

（4）（1）輸出、（2）外貨準備、（3）外国為替取引、（4）国際的な銀行取引、（5）国際的な債券発行取引の5つの尺度で見直される。

（5）2016年10月現在の通貨ウエイトは、ドル41・73％、ユーロ30・93％、中国元10・92％、円8・33％とポンド各8・09％である。

（6）2011年3月に「知財関連の条項」（2月時点での米国の要求の完全版）がリークされたのに加え、2012年6月には「投資条項」の草案がリークされた。リーク文書を掲載している市民団体パブリック・シチズンのロリ・ウォラック氏は、「これは貿易協定ではない、企業による世界支配の道具です」。「1％の富裕層が私たちの生存権を破壊する道具です」と断罪している。

(7) TPP参加12カ国のうちのほかの8カ国は経済的な規模が小さいために、日本が参加しなければ米国にとってメリットはほとんどないのである。

(8) 早期に参加表明すれば、ルール策定作業において日本に有利な条件を得ることができると考えた野田首相や安倍首相はTPP協議への参加を急いだのである。普天間の米軍基地移設問題、これ以上米国を怒らせないために参加したという説もある。対中国への牽制手段として日米間の戦略的関係を強化したいから参加したという説もある。また、原発事故による将来の影響（食糧面・医療面）を考えるとこれ以上日本政府の手には負えないので早期にアメリカ型の社会システム（市場原理主義・自己責任）にしてしまいたいということから参加したという説もある。

(9) TPPのプロセスや理論は破綻しており、TPP反対者は、米国国内だけではなく、アジアも同じ様子であり、TPP交渉は行き詰まるはずであった。

(10) 企業利益のために国民の99％が犠牲となるのがこの貿易協定であるという批判は多い。

(11) 新古典派経済学における自由貿易理論の説明では、勝者は敗者を「償う」ことができる場合を貿易利益と説明するが、「償う」ことが実現されることは保証されていないのである。

(12) このようなデフレ経済状態の一因は、銀行が投機や市場操作に大きな関心を示しながら、十分な資金を中小規模の企業には与えていないことが原因である。

(13) 浅川芳裕著『日本は世界5位の農業大国―大嘘だらけの食糧自給率』(pp.23–25)、講談社、2010年

(14) 前掲書（pp.21–22)。

(15) 分母となる供給カロリーの中の4分の1ほどは、レストラン、ファーストフード店などでの廃棄分や食べ残しが含まれる。それらの廃棄分を除いて実際に国民が摂取している一人一日あたりの摂取カロリーで見れば、自給率は54パーセントとなる。

(16) 前掲書、p.27、図表5、カロリーベース総合食料自給率の数式。

(17) 世界の極貧国のカロリーベース自給率は100％である。なぜならば、海外から食料を輸入する外貨を獲得することができないからである。

(18) 前掲書、p.33、図表6、生産額ベース総合食料自給率の数式。

(19) その意味は、日本人は2，000種類の小麦を使い分けるが、外国では3種類程度で使用することから説明される。

(20) パンやケーキについては、遺伝子組み換え小麦の問題が残っている。

(21) 救急車も有料である。

(22) 韓国はすでに米国との協定（FTA）で共済保険を解体することが決定。

(23) また、世界が日本を見る目は、経済的な1人勝ちの日本に対する脅威である。豊かな日本は野心があると誤解されているのである。

(24) もともとNAFTA（北米自由貿易協定）で入った条項である。

(25) 2013年11月6日に訴訟の乱発を防ぐことを条件に合意に至っているが、その効力には疑問がある。

(26) 例えば、国の法律のせいで、投資家が損をした場合でも、その「不当な差別」と考えたりする場合に訴えられるのである。

(27) 日本もすでに多くの国（主にアジア25国）とISD条項を結んでいる。

(28) この条項を使い、あちこちの国で訴訟を起こすアメリカを問題視する声は少なくない。

(29) このようなことから、既得権益のある人達が、競争をされたら権力や利益が減ることから、TPPやISDに反対しているという意見もある。

第9章
ピケティの問題

1 ピケティの『21世紀の資本』について

トマ・ピケティ(1)は彼の著『21世紀の資本』において、先進諸国における不平等の推移について西欧先進工業諸国の比較研究を行った。この結果、「1970年代以来、所得格差は富裕国で大幅に拡大した。特にこれは米国で顕著だった。米国では、2000年代における所得の集中は、1910年代の水準に戻ってしまった(2)。それどころか、少し上回るほどになっている」と指摘した(3)。そして大陸ヨーロッパ諸国と同じように、第二次世界大戦後の経済的不平等の縮小を経験した先進工業諸国が、その後しばらくしてからの30年間にわたって極めて急激に不平等を拡大させていったことが明らかにされた。

この格差の原因について、ピケティは「市場の不完全性」にあるのではなく、資産格差にあると説明している(4)。なぜならば、ピケティは、「私の理論における格差拡大の主要な力は市場の不完全性とはなんら関係ない」。「その正反対だ。資本市場が完全になればなるほど、資本収益率rが経済成長率gを上回る可能性も高まる」と説明しているのである。

このような不平等を解消するためのピケティの政策提言は、経済的不平等の是正を求めて富裕層の資産への課税強化などを訴えている。すなわち、「資産に対する世界的な累進課税」の提案である。ピケティはこのような対策が講じられず、不平等が世界的にさらに進展するようであると、社会の崩壊につながっていくと警告しているのである。

本章においては、新古典派経済学の理論を背景として彼の分析結果について若干の解説を試み、彼の政策提言の意義について考察する(5)。

2 ピケティの「クズネッツ曲線」批判の意味

図9―1　クズネッツの逆U字仮説

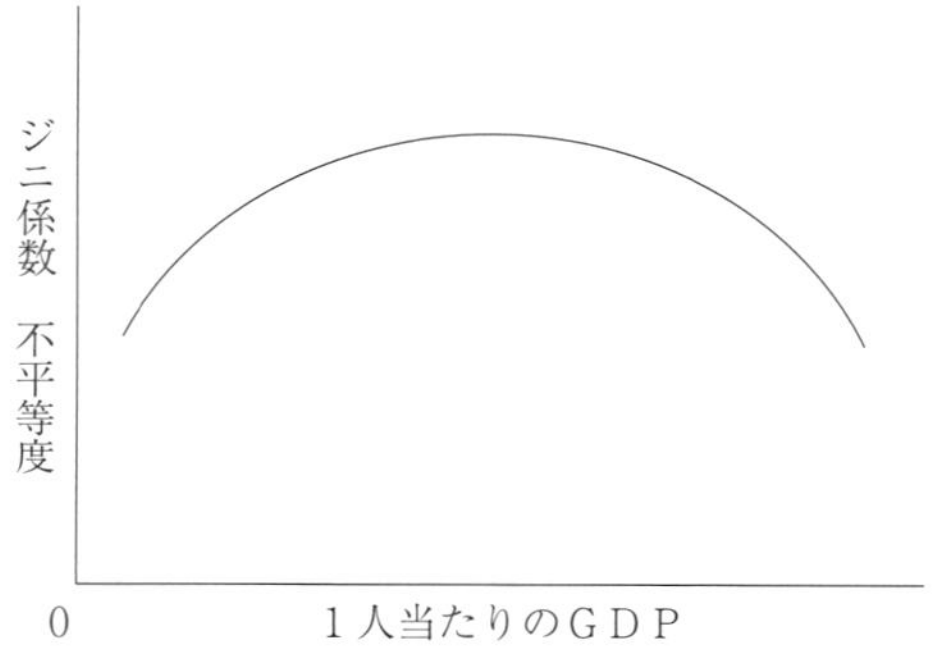

クズネッツ(Simon Smith Kuznets, 1901―1985年)は、経済成長と所得分配の関係について、所得における不平等は、長期的には逆U字のクズネッツ曲線を成すことを説明した。すなわち、工業化による経済発展の初期の段階においては、生産性の低い部門(農業・伝統的産業部門)から高い部門(近代的産業部門)へ資本と労働力が移動することによって、不平等が拡大すること、特に、産業革命の開始とともに所得分配の格差拡大が進むこと。しかし、やがて産業化・工業化による経済発展によって不平等は縮小していくことを説明して、図9―1のような「クズネッツ曲線」を説明した。

図9―1において、縦軸にジニ係数、横軸に1人当たりの所得水準を取ると、「クズネッツ曲線」は、図のよ

うに逆U字の曲線として描かれる。

ピケティは、クズネッツが1950年の時点で観察したこのような逆U字型の傾向は、重要な経済的要因（部門間移動、技術革新の効果）の帰結ではなかったと論じている。

「実際、相続資産の不平等は減少し、賃金の不平等はさほどでもないが、こうした動向はそれを進めたり、逆行させる諸要素によって、特に所得税の創設によって、左右される」。結局のところ、「不平等の縮小が継続するという保証は何もなく、実際、米国では30年間にわたって不平等が拡大し、近年では1930年代の水準に達している」と説明している。

クズネッツの逆U字仮説の意味

農業や伝統的産業が支配する所得格差が少ない経済から、産業革命を経て次第に工業化が進展するとともに、低生産性・低所得水準の農業・伝統的部門と高生産性・高所得の近代的な産業部門（工業部門）との間に所得格差が広がると考えられる。この産業構造・経済構造の変化の過程において、すなわち、農業や伝統的産業から近代的な産業（工業部門）への移行の過程において、資本は収益率の高い工業部門へ速やかに移動するのに対して、労働力は農業や伝統的産業部門における労働の低生産性部門にとどまり続けることが原因となり、また、工業部門における雇用機会の不足のために、ただちには部門間を労働力は移動できないことが原因となって、経済全体においては所得格差が発生するのである。

これは、経済的要因だけではなく、社会的要因・宗教的要因・政治的要因等にも影響を受けるためにそれぞれの生産要素の移動性（mobility）における相違が原因となって、所得分配の不平等度が拡大するのである。この格差を是正するためには、経済学的には経済全体の資本蓄積と工業部門における労働集約的技術進歩や農業・伝統的産業部門における労働節約的技術進歩が求められるのである。しかし、それ以上に社会的要因・宗教的要因・政治的要因についての諸問題も資本主義経済の発展とともに解決されなければならないのである(6)。

このような資本蓄積と技術進歩を伴う経済発展の結果として、生産要素の移動が行われる結果として、両産業間において不平等度は低下して、経済全体において豊かな生活を享受する社会が訪れると考えるのである。

3　「資本主義の第一基本法則」と新古典派経済学

ピケティは、「富は経済全体よりも早く大きくなる」と述べている。すなわち、労働者の所得の増加率よりも資本家の所得の増加率の方が高くなるために、富の格差が拡大すると彼は説明するのである。それゆえに、「敗者は低所得者ではなく、資本家ではない人を指すことになった」(7)と説明するのである(8)。

いま、α＝資本所得の割合、r＝資本収益率、β＝資本／所得比率（$\frac{K}{Y}$）とすると、ピケティが定義する「資本主義の第一基本法則」とは、次のようなものである。ここでKは経済に賦存する資本量である。

ここで資本所得の割合（α）とは、資本所得（rK）の国民所得（Y）に対する割合（$\frac{rK}{Y}$）であるから、$\alpha=\frac{rK}{Y}=r\times\frac{K}{Y}$である。この関係から次の「資本主義の第一基本法則」（9・1）式が成立する。

「$\alpha=r\times\beta$」　（9・1）

資本ストック量Kと資本ストック評価量K^*との相違

資本ストックの量を表すKは、所得分配の議論においてはストックに対する報酬の将来期待受取額合計の現在価値として定義される。そのためには、資本収益率rはストックの時価評価額1単位当たりの自己割引率である。

しかし、新古典派経済学の生産関数論においては企業の生産活動における資本の生産への貢献度として定義されるが、その値は資本投入量と稼働率との関係として定義されなければならない。

この資本ストックの生産への貢献度に対する収益率r^*を掛けて、フロー量としての資本所得金額を求めるための資本ストック投入量K^*については、別の定義が必要である(9)。

いま、Yを生産量（国民所得）とすると、資本K（K^*の量の資本ストック量が投入されている）と労働Lについての一次同次生産関数、$Y=F(L, K)$、として考えると、投入要素に対する完全分配、$Y=F_L L+F_K K$、として説明される。

ここで、利潤極大条件から、$w=F_L=\frac{W}{P}$、$r=F_K=\frac{R}{P}$と表されるから、次の（9・2）式と（9・3）式が成立する。

$$Y=\frac{W}{P}L+\frac{R}{P}K \qquad (9・2)$$

$$PY=WL+RK \qquad (9・3)$$

経済の実態との関係

いま、実際の経済における国民所得を実現させるために必要な資本量をK_A^{10}（$<K$）[10]とすると、実際の経済において成立する「資本主義の第一基本法則」は左記の（9・4）式のように表される。

$$\alpha_A=r_A\times\beta_A \qquad (9・4)$$

ここで、α_Aは実際に実現するべき資本所得の割合であり、β_Aは実際の$\frac{資本}{所得比率}$（$\frac{K_A}{Y}$）である。ピケティの議論においては、生産の議論と分配の議論との間の矛盾についての分析は考慮されていない。すなわち、付加価値生産に対する貢献度とその貢献度に対応した分配が行われているのかという問題についての考察である。この問題は、本来議論されるべき変数の値を恣意的に、$\alpha=\alpha_A$、$r=r_A$、$\beta=\beta_A$と仮定した議論であると考えることができるのである。

資本主義経済においては、一般に資本ストックは過剰であるから、$K>K_A$である。しかし、資本所得への配分は存在する資本ストック量Kの規模に対応して行われるために、$r_AK_A=rK$である。すなわち、$r<r_A$であり、$\beta(\frac{K}{Y})>\beta_A(\frac{K_A}{Y})$である。

すなわち、「$\alpha=r\times\beta=r\frac{K}{Y}>r\frac{K_A}{Y}=\alpha_A$」⇒「$\alpha_A<r\times\beta$」であるから「収益率$r>g$成長率」とは過剰資本の存在によって発生する経済成長率の低さが原因であることが説明されるのである。

以上の分析から、ピケティの議論においては下記の（9・5）式が成立する。

$$\alpha=\alpha_A \quad (9・5)$$

しかし、生産活動に貢献していない資本に対して生産への貢献として報酬が毎年支払われているという前提には、資本への所得分配について過大であるという大きな矛盾が発生しているはずである。

黄金律

新古典派経済成長理論において、経済成長率は正しい経済政策によって、図9—2のように「黄金律経済」に導くことが可能である。この「黄金律経済」においては、「$r_A = g = n + \lambda$」が成立する。しかし、黄金律経済に到達する以前の経済状態においては、「$r_A > r > g$」であるから、過剰資本が存在する経済においては、「収益率 $r > g$ 経済成長率」の状態が成立するのである。

図9—2　ソローの基本方程式と経済成長率

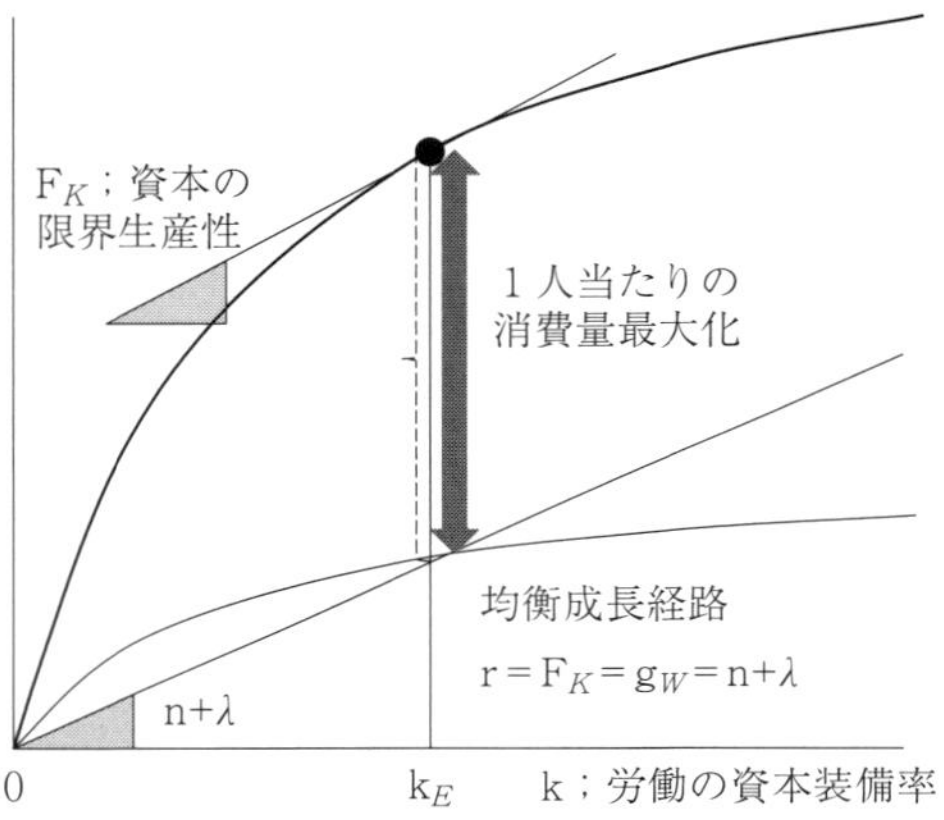

4　規模に関して収穫逓増経済

4・1　戦後の経済状態

戦後の世界経済は、規模に関して収穫逓減（費用逓増）の状態にあった。このような状態では市場規模は限られており、各企業は平均費用と限界費用が逓増する世界において競争的市場を前提に合理的行動を採っていた。このような経済状態においては、生産規模の拡大とともに、資本分配率が低下し、労働分配率が上昇することが説明され

図９―３　規模に関して収穫逓減（費用逓増）経済の資本分配率は低下する

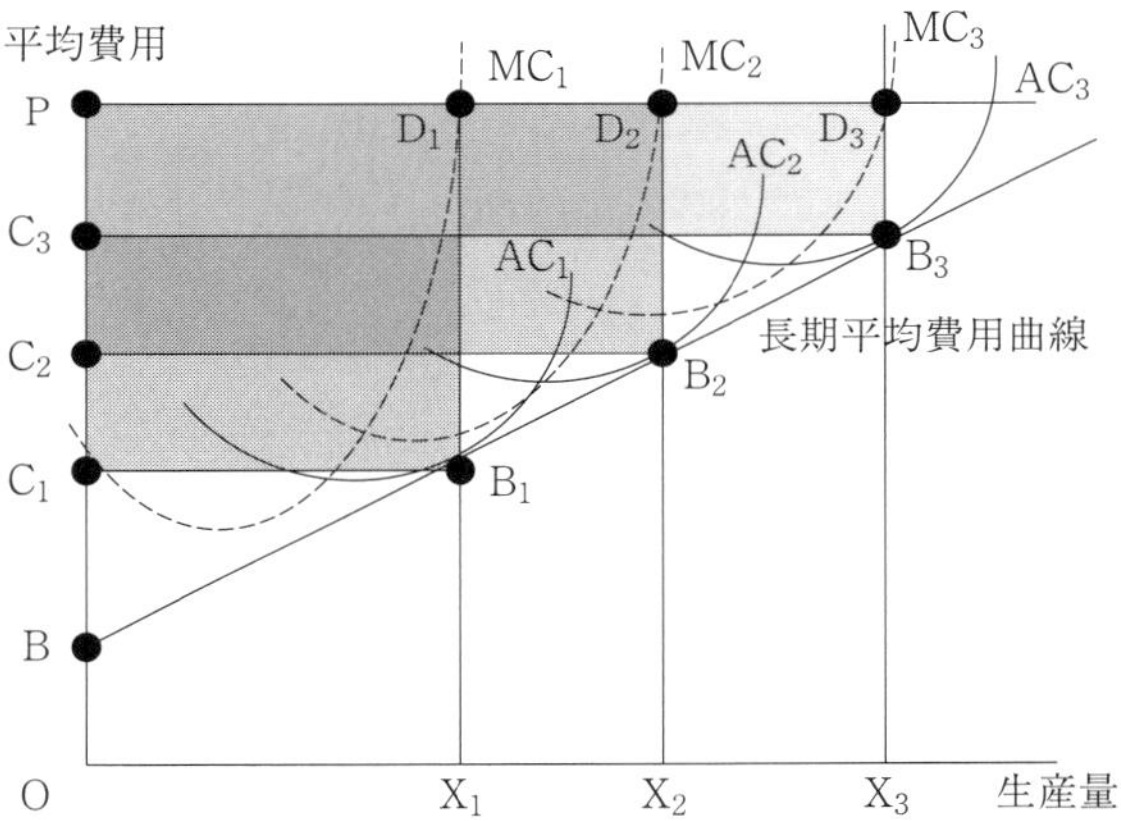

るのである。

この関係は、図９―３によって説明することができる。いま、横軸に生産量をとり、縦軸に生産費用をとると、AC_1、AC_2、AC_3はそれぞれの生産設備の規模拡大に対応した平均費用曲線であり、MC_1、MC_2、MC_3は限界費用曲線である。

生産物価格がＰで一定であるとすると、労働所得の分配分は、四角形$OX_1B_1C_1$から四角形$OX_2B_2C_2$、四角形$OX_3B_3C_3$へ増加して、利潤は、四角形$C_1B_1D_1P$から四角形$C_2B_2D_2P$、四角形$C_3B_3D_3P$へと変化することが説明される。市場規模の拡大と競争の激化によって市場価格は次第に低下すると考えられるために、資本分配率は低下することが説明される。

先進国内における投資増加と経済成長

戦後の復興期から１９６０年代の経済成長期は、先進国内において投資の増加があり、経済成長が実現して、雇用が増加し労働所得が増加し、労働の分配率も上昇した過程であり、資本所得は増加しながらも資本所得の分配率は低下し続けたと説明されるのである。

4・2　グローバル世界の経済状態

世界経済において、戦後の経済復興期を経て国際貿易が拡大するに伴って各企業が直面する市場規模の拡大とともに、規模に関して収穫逓増・費用逓減の経済状態への道が開かれた。各企業は世界市場において価格競争に直面し、投資規模の拡大とともに生産規模の拡大が平均費用を低下させ、国際競争力を確保させた。やがて企業の多国籍企業化とともに海外への設備投資も拡大し、各企業にとって規模の経済性が実現された。世界的市場においては、規模に関して収穫逓増・費用逓減を実現した企業が世界市場において勝利を得るという経済システムが実現したのである。

このような規模の経済性が実現される経済状態においては、生産規模の拡大とともに、資本分配率が上昇し、労働分配率が低下することが説明されるのである。この関係は、図9―4によって説明することができる。

いま、横軸に生産量をとり、縦軸に生産費用をとると、AC_1、AC_2、AC_3はそれぞれの生産設備の規模に対応した平均費用曲線であり規模の拡大とともに平均費用が低下しているように描かれている。また、MC_1、MC_2、MC_3は限界費用曲線であり、それぞれの平均費用の最低点を通過している。

図9—4　収穫逓増・費用逓減産業の長期平均費用曲線

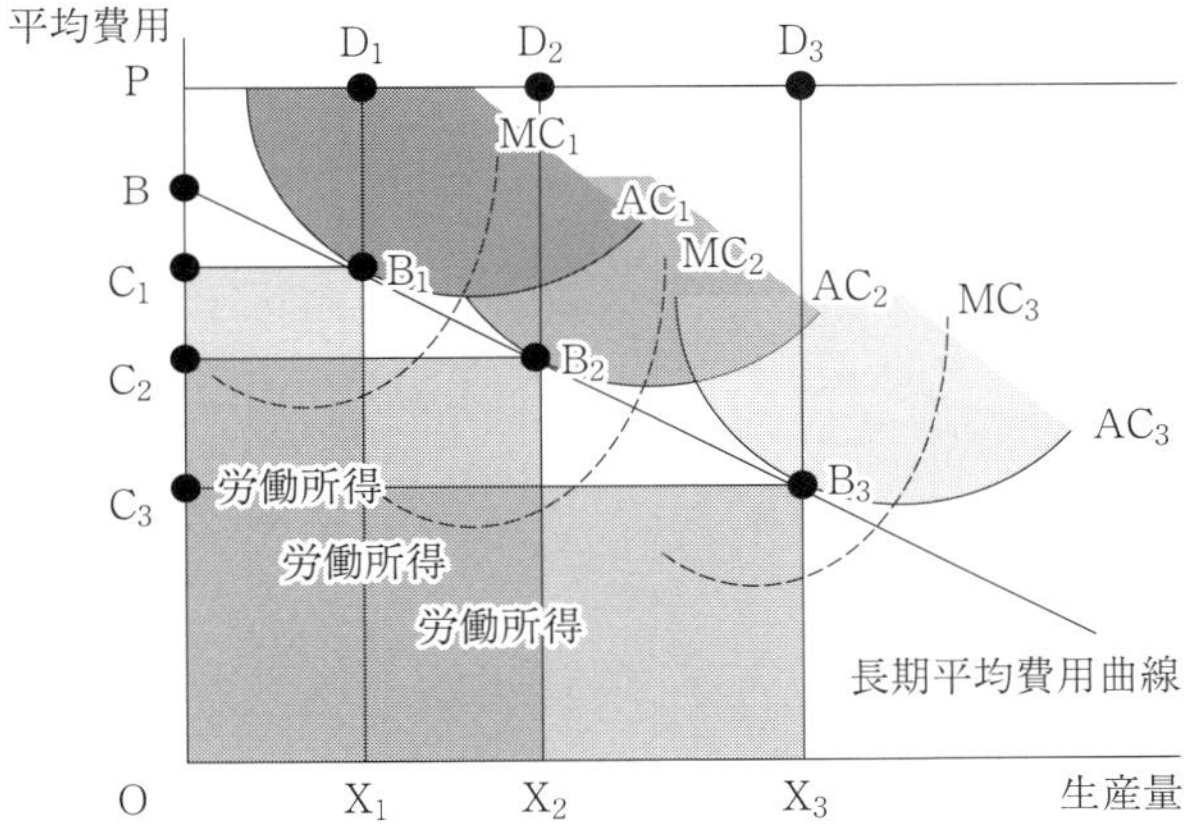

生産物価格がPで一定であるとすると、労働所得の分配分は、四角形$OX_1B_1C_1$から四角形$OX_2B_2C_2$、四角形$OX_3B_3C_3$へと増加している。そして利潤は四角形$C_1B_1D_1P$から四角形$C_2B_2D_2P$へ、そして四角形$C_3B_3D_3P$へと増加していることが説明される。

生産規模とミスマッチによって発生した貿易摩擦

国内企業の生産規模と国内市場の需要規模とのミスマッチによって輸出が拡大する企業・産業の発生によって、先進国間の貿易摩擦が発生したために、水平貿易から垂直貿易への転換によって、それ以上の利益発生源を求める必要に迫られることになった。

価格差別化による国際貿易拡大

経済の国際化の当初は、国内価格と国際価格との価格差別によって国際貿易規模が拡大して輸出財企業は貿易利益を得たが、貿易収支の不均衡と為替相場の変更という経験を背景として、先進国間の不平等貿易についての議論が続出した結果として、変動相場制度と管理為替相場制度という一見矛盾した国際金融制度のもとで、国際的な資本移動の時代へと変化した。このような世界経済においては、企業は価格差別による貿易利益を稼ぎ出す時代から、工場の現地移転という企業の海外進出の時代へと変化した。企業は工場移転による市場開発利益と規模の利益を享受するようになった。また、同時に国内にとどまった生産・研究基地を拠点として技術的な特許から得られる利益を求めた。

同時に、欧米諸国は、本来、国際基軸通貨を背景とした金融業務に特化していたために、国際金融や為替相場等の操作や対応技術に基づいて、金融的利益を生み出す国際的金融帰化を多く発生させて莫大な利益を一瞬に獲得する方法を獲得した。

4・3　所得分配率の変化

xを生産量とする。規模に関して収穫逓増（費用逓減）を反映して長期平均費用（AC）曲線は右下がりであると仮定して、平均費用が、次の（9・6）式のように定義されると仮定する。

$$AC = b - ax \qquad a>0, \qquad b>0 \qquad (9・6)$$

この関係は、縦軸を平均生産費用AC、横軸を生産量 xとすると、図9―5のように表される。

労働所得の推移と生産規模

ここで、労働所得Wは、平均費用総額の一定割合αであると仮定すると、次のように計算される。このことから、労働所得は生産量 xとともに増加することが説明される。

$$W = \alpha x(b - ax) = \alpha(bx - ax^2) \qquad (9 \cdot 7)$$

$$\frac{dW}{dx} = \alpha(b - 2ax) \gtrless 0 \quad \text{as} \quad x \lessgtr \frac{b}{2a} \qquad (9 \cdot 8)$$

規模に関して費用逓減（収穫逓増）の場合には、長期平均費用曲線は右下がりになる（a＞0）ために、労働分配額は最初（$x < \frac{b}{2a}$）の範囲では増加するが、その後規模の拡大とともに（$x > \frac{b}{2a}$）の範囲

図9―5　規模に関して収穫逓増（費用逓減）

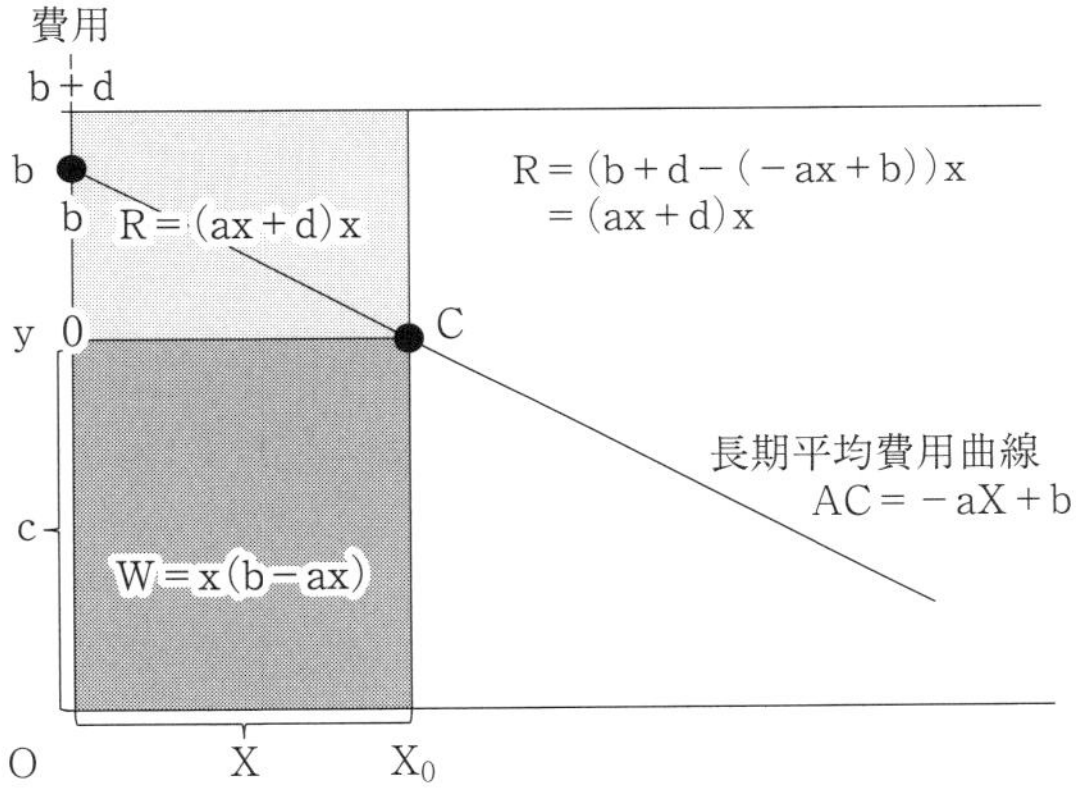

では減少することが説明される。

規模に関して費用逓減（収穫逓増）の場合には、長期平均費用曲線は右上がりになる（a＜0）ために、（9・8）式は常に正の値（$\alpha(b-2ax)>0$）を示すことから、生産規模の増加とともに労働所得は増加することが説明される。

資本所得の推移

資本所得Rは、次のように計算される。このことから、資本所得は生産量xとともに増加することが説明される。

$$R=rK=R=(b+d-(-ax+b))x=(ax+d)x=ax^2+dx \qquad (9\cdot9)$$

$$\frac{dR}{dx}=2ax+d \gtrless 0 \quad \text{as} \quad x \lessgtr -\frac{d}{2a} \qquad (9\cdot10)$$

規模に関して費用逓増（収穫逓減）の場合には、長期平均費用曲線は右下がりになる（a＞0）ために、（9・10）式は常に正の値をとるため資本所得は生産規模の拡大とともに増加することが説明される。

規模に関して費用逓減（収穫逓増）の場合には、長期平均費用曲線は右上がりになる（a＜0）ために、（$x<-\frac{d}{2a}$）の場合には、資本分配額は増加し、（$x>-\frac{d}{2a}$）の場合には減少することが説明されるのである。

分配率の変化

資本分配率Θ_Kは、次の（9・12）式から生産量xの増加とともに上昇することが説明される。

$$\Theta_K = \frac{ax^2+dx}{ax^2+dx+\alpha(bx-ax^2)} = \frac{ax+d}{ax+d+\alpha(b-ax)} = \frac{ax+d}{(1-\alpha)\ ax+d+b\alpha} \qquad (9 \cdot 11)$$

$$\frac{d\Theta_K}{dx} = \frac{a}{(1-\alpha)ax+d+b\alpha} - \frac{(ax+d)(1-\alpha)a}{((1-\alpha)ax+d+b\alpha)^2}$$

$$= \frac{a-a(1-\alpha)(ax+d)}{((1-\alpha)ax+d+b\alpha)^2} > 0 \qquad (9 \cdot 12)$$

労働分配率Θ_Lは、次の（9・14）式から生産量xの増加とともに低下することが説明される。

$$\Theta_L = \frac{\alpha(bx-ax^2)}{ax^2+dx+\alpha(bx-ax^2)} = \frac{\alpha(b-ax)}{ax+d+\alpha(b-ax)} = \frac{\alpha(b-ax)}{(1-\alpha)ax+(d+\alpha b)} \qquad (9 \cdot 13)$$

$$\frac{d\Theta_L}{dx} = \frac{-a\alpha}{(1-\alpha)ax+(d+b\alpha)} - \frac{\alpha(b-ax)a(1-\alpha)}{((1-\alpha)ax+(d+b\alpha))^2}$$

$$=\frac{-a\alpha((1-\alpha)ax+(d+b\alpha))-\alpha a(b-ax)(1-\alpha)}{((1-\alpha)ax+(d+b\alpha))^2}$$

$$=\frac{(-a^2\alpha x-ab\alpha+a^2\alpha x)(1-\alpha)-a\alpha(d+b\alpha)}{((1-\alpha)ax+(d+b\alpha))^2}$$

$$=\frac{-a\alpha(b+d)}{((1-\alpha)ax+(d+b\alpha))^2}<0 \qquad (9\cdot 14)$$

国際化とグローバル化

このようにして多国籍企業の生産の国際化は、その企業の国内投資水準を低下させ、国内の有効需要を減少させ、雇用を減少させた。その結果、低賃金労働者やワーキング・プアーが発生する結果を導いた。

また、多国籍企業の海外投資によって、国内有効需要が不足し、国内経済の成長率は鈍化して、失業率が上昇し、所得格差は激しくなった。国内有効需要の慢性的な不足は、国内経済の不況（デフレ経済）状態をもたらせ、国内に失業問題や所得格差問題をもたらす結果となった。

多国籍企業化によって、海外に投資が増加すると、高付加価値製品の輸出が拡大して、同時に海外の工場で生産された自国企業の製品の輸入が増加した。このようにして、多くの企業において利益は増加し続けた。先進国の国内企業の多くが多国籍企業化してアジアや中南

図9―6　クズネッツの逆U字から規模に関して収穫逓増経済の時代へ

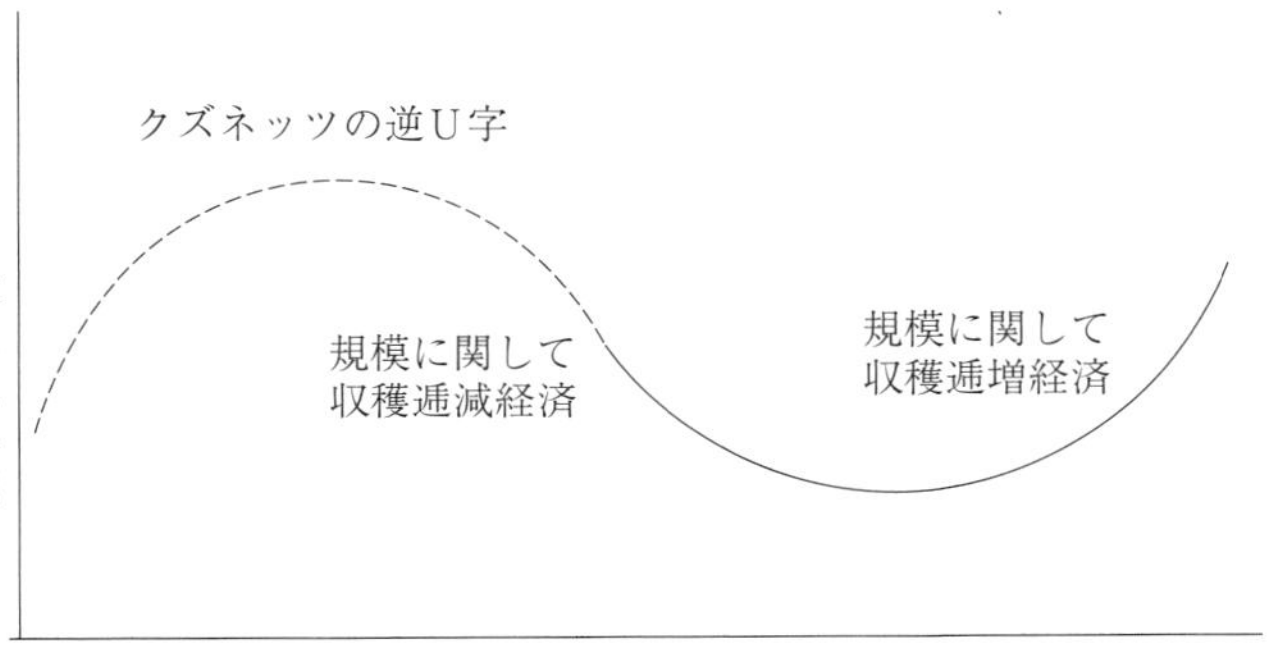

米の経済に移動することによって海外への直接投資が増加し、世界的に輸出・輸入が増加したのである。

このような先進国企業の海外進出という世界経済のグローバル化の中で、開発途上国においても国際貿易の成果によって経済が維持される時代となった。

本国送金増加　↓　所得収支の増加

海外生産での利益は為替相場の状態によって、直接的に本国送金を増加させたり、間接的に貿易量を変更したり、あるいは、海外への再投資によって、海外資産を増加させることになった。

クズネッツ曲線の逆転の説明

以上の説明から、規模に関して費用低減効果aが大きいほど、生産規模の拡大xが大きいほど、資本所得の分配率の上昇の程度は大きくなることが説明される。また、当初の生産費用水準が低いほど所得分配率の上昇の程度はより大きいことが説明されるのである。

経済外的要因としての社会資本の評価について

生産活動において、第1節において説明したように、経済活動の成果を実現するためには、経済的要因のみならず、社会的・政治的要因等を考慮することが重要である。ということは、生産活動の成果の一部への貢献としてこれらの要因は評価されるべきであり、報酬として支払われるべきなのである。これらの要因を総称して、社会資本の貢献と考えることにする(11)。

経済成長の余剰の配分問題

経済成長の過程において、社会資本の貢献は重要である。それゆえに、生産活動における社会資本の貢献に応じた所得分配が考慮されるべきである。いま、K_Sを考慮されるべき社会資本量とする。ここで、社会資本とは、以下のようなものを考える。自然環境・社会慣習・社会秩序・文化水準・教育環境・歴史的背景・政治制度などである。

いま、マクロ生産関数を左記のように考える。

$$Y = F(L, K, K_S)$$

この式を労働投入量L、資本投入量K、社会資本量K_Sに関して一次同次であると仮定すると、次の式が成立する。

$$Y = F_L L + F_K K + F_{KS} K_S$$

企業の利潤極大条件を前提として、労働市場と資本市場が競争的であると仮定すると、次の関係式が成立する。

$$F_L = w = \frac{W}{P} \qquad F_K = r = \frac{R}{P}$$

この関係から、社会資本への分配分は次のように計算することができる(12)。

$$F_{KS} K_S = Y - (wL + rK)$$

国際化の矛盾

このように、投資受け入れ国の労働資源や自然資源、そして、文化や制度は資本進出のホスト国(先進国)の論理と利益に従って、利活用され続けたために、国内の労働力移動や近代的産業の拡大と都市周辺部の伝統的産業の拡大によって、経済開発と経済発展が成功したかのような様相を示し始めた。しかし、このような成果は恒常的な成果として開発途上国経済の自立を導く保証はないのである。投資受け入れ国の開発利益は、その国の政府の利益誘導とつながり、開発利益の多くは政府自身の自己防衛のための軍事物質の大量な輸入国となって国民を弾圧したり、先進国に対して大きな負債を抱えることになったりするような国も現れたのである。しかも、国内の権力維持のために、隣人を仮想敵国とみなす習性を身に着けて、防衛のための武器を先進国から輸入することによって、経済開発の利益を浪費するような国も現れることになった。先進国は武器輸出によって貿易収支のバランスを保つという矛盾した国際関係を結ぶ場合も現れたのである。

世界経済の国際化

国際貿易の拡大は個々の企業にとって市場規模の拡大であり、価格競争の激化であった。企業の海外移転と多国籍企業化が規模に関して収穫逓増・費用低減産業を増加させたことが説明されるのである。

国際貿易の拡大が市場規模の拡大をもたらしたことを評価するならば、これによってもたらされた貿易利益の一部を貿易制度の改革によってもたらされた報酬として自国の経済に還元することが求められるであろう。

市場規模の拡大が生産規模の拡大を各企業にもたらし、その結果として企業規模の大型化を導いた。

規模に関して収穫逓増・費用低減産業増加というこれらの成功は、社会資本の充実という個別経済の歴史的成果として評価されるべきであり、その報酬として国民経済に還元されるべきである。

このような経済現象は、貿易収支や所得収支の増減だけではその国の経済のパフォーマンスを説明することができなくなってしまったのである。投資受国は労働資源や自然資源を海外企業に利活用されることによって産業構造や経済構造が変化し、やがて社会構造までも変化していったのである。特に労働移動は顕著であった。農業や伝統的産業から近代的産業や都市周辺部の伝統的産業への移動とともに、都市部門は拡大し、新しい所得格差問題が発生するようになった。

5 ピケティの『21世紀の資本』に対する問題点

ピケティの『21世紀の資本』の最初の問題は、データそれ自身への信頼度とデータ分析それ自体への理論的不備が存在すると考えられている。第二の問題は、資本の経済活動への貢献について、生産関数と所得分配の関係についての経済理論的説明が欠如していることである。このような問題点解決のためには、既存の新古典派経済成長理論の議論が教科書的水準において有効であると考える(13)。

第三の問題として、個人間の資産格差の原因として資本報酬率 r が経済成長率 g よりも大きい問題、「r>g」、については、新古典派経済成長理論モデルにおいては、生産要素間の長期均衡経済成長経路への調整過程の問題として説明することができる。この議論を無視して、資本主義の本質的問題として議論することに説得力はないと考えられる。例えば、「黄金律の成長経路」への誘導政策として解決可能な政策問題として考察するべきである。

この「r＞g」の本質的な問題は、金融仲介の機能における金融仲介業者への報酬の在り方の問題である。経済活動に貢献する資本、例えば資本設備の、生産過程における貢献分と金融システムの金融仲介機関としての経済活動への貢献分との本質的な著しいギャップが、本来正当に分配されるべき支払を不可能としていることに今日の経済格差発生の原因があるのである。それは現代の国内金融と国際金融のシステム自身に大きな問題が存在しているのである。このような問題の多い金融システムを利用して、経済への限界貢献度を越え収益を獲得している金融機関や組織が存在し、不当な利益を得ている、あるいは収奪している、ことに問題があるのである。

ピケティの第四の問題は、「資本主義の第一基本法則」としての「$\alpha = r \times \beta$」の意味についてである。実際の経済活動に貢献している資本量（稼働している資本設備に対する請求権）と遊休化している資本量（本来は経済活動に貢献していないにも関わらず報酬を得る請求権）に対する報酬が加算されて支払われているという問題である。

第五の問題は、ピケティの「クズネッツ批判」についてである。世界経済において国際貿易と国際的な資本移動が著しく拡大した1970年代以降において、世界経済の市場規模が拡大したために、多国籍企業化した企業はこれまでの「規模に関して収穫逓減（費用逓増）経済」から「規模に関して収穫逓増（費用逓減）経済」へと移行したことから生じた所得分配と分配率の動向の変化なのである。このような経済の様相における変化の過程はクズネッツの分析以後の世界経済における経験であり、この説明力不足の責任をクズネッツに求めるのは筋違いである。世界はそれほどに大きく変化したのである(14)。企業の国際化、多国籍企業化が累進課税を世界的に実施することを困難にしているのである。

ピケティの「現代資本主義経済批判」は、各生産要素についてそれらの要素が実際の経済活動において付加価値生産への貢献度とその報酬の在り方についての合理的説明が今日の経済学において欠如していることが原因なのである。企業の収益から労働へ分配した後の残余をすべて資本の貢献分として分配する今日の制度に問題があるのであり、このようなシステムを社会が無批判に受け入れてしまったことに資産格差が発生した原因があるのである。これは経済学者のみならず、政治家や行政官、マスコミ、評論家の怠慢である。ピケティが議論するべき問題は、その原因を説明するための経済理論の提示であり、その理論に基づいた経済制度の改革案と政策であるはずである。

その改革案においては、技術進歩と同様に社会資本が経済活動に貢献する分とその報酬の大きさとその在り方についての根拠を説明すること、そして、その評価された報酬を社会に還元するための根拠を明示して、そのためのシステム、あるいは税制度を提案することが重要である。

付　論

ピケティは、「学校教育の不平等が給与所得の不平等、ひいては経済的不平等が存続している要因である」と説明している。しかし、人々は生まれながらにして、あるいは育った環境によって、それぞれの興味や能力において、個人間格差が存在する。また、生まれた家族や育った環境によっても、多くの個人間の差異が存在するのである。学校教育の不平等を解決するだけでは達成できない問題である。それは教育においてある程度の画一化によって、もたらされる弊害と同様に教育の多様化によってもたらされる弊害も存在するのである(15)。

6　愚かな民営化の歴史

国鉄民営化や三公社の民営化、そして、郵政民営化は、このような社会資本と制度の経済活動への貢献を一切評価せずに、公的機関が民間の経済活動に一方的に貢献することが当然であり、彼らが低水準の報酬に甘んじることが当然であると考える経済思想に問題があったのである。これらの誤った現状認識に基づいた諸矛盾から発生した改革という名の暴挙によって、合理的に説明されるべき赤字を一方的に赤字企業の経営問題と曲解して、民営化を実行するという歴史的事件であったのである。このような民営化という改革は、社会を非効率的にするという愚かな改革であったことを理解するべきである。このような経済活動において貴重な公的機関と公的制度を一方的に民営化することによって地域間格差や個人格差問題が今日生じていることを理解するべきである。この民営化という失敗政策は、今後も日本経済に残る重要な課題となるのである。

日本経済の課題

ピケティとスティグリッツによれば、現代資本主義の問題とは所得分配率の問題である。日本経済の未来について考えるならば、少子高齢化問題と全国的な人口再配置問題が中心に議論されている。しかし、これからの世界経済と日本経済の在り方を考えるためには、個人所得格差の問題と地域間所得格差の問題はより本質的な問題である。

現代経済学の問題点は、資本の概念が確立されていないことである。それは、虚業化した資本主義経済を批判的に分析できない現代マクロ経済学に問題があるのである(16)。この立場が、ピケティとスティグリッツにとって、新古典派経済学批判となって表れているのである。すなわち、新古典派経済学の限界とは、市場の失敗に対する問題意識の欠如であり、現実の経済現象を説明する上での市場均衡分析の失敗問題である。国内の有効需要の大きさが国内の付加価値・雇用量を決定するというケインズの有効需要理論についての誤解、生産関数の役割について誤解、それゆえの雇用と賃金との関係の問題、そして、需要関数の役割についての地域別・階層別・男女間別・世代間別・産業間別要因についての分析の欠如である(17)。

ここで、有効需要の本質とは、「貨幣で財貨を購入できるが、財貨で貨幣は購入できない」という貨幣の非対称性の問題である。

【注】

（1）トマ・ピケティ（Thomas Piketty）は、フランスの経済学者。

（2）米国社会の貧富の格差については、２０１１年9月に米ニューヨーク・ウオール街で始まった草の根デモである「オキュパイ」運動などが顕著である。デモ参加者は、２００８年以降の世界的な金融危機で各国政府が財政緊縮策を取るようになる中、「私たちは99％だ」（１％が富裕層である）というスローガンを掲げた。

（3）本著書においては、広範で長期的なデータを駆使した分析であることが評価されている。

（4）スティグリッツは、彼の著『99％を不幸にする経済』において、所得格差の拡大の原因は「資本の不完全性」にあると説明していることがピケティの説明とは異なっていることが興味深い。

（5）ピケティを「現代のカール・マルクス」、あるいは「マルクス以上」と評価する人もいる。マルクスは『資本論』を展開して資本家による搾取のない平等な社会をめざす「マルクス主義」の創始者であり、20世紀の社会主義革命の発端となった思想の提唱者であり、世界を混乱に陥れた思想家である。

（6）経済的要因は社会的要因・宗教的要因・政治的要因等から独立ではないことを十分に考慮しなければならない。

（7）社会の不平等をなくすために、富の再配分を主張する人々にとってで、ピケティのこのような主張は「非常に好都合」な主張である。

（8）失業の原因は、「雇用市場で仕事が見つからないのはその人が悪いからではなく、最初に寄贈財産がないから」であるというピケティの主張は誇張である。

（9）ここで、K^{*}は実質ストック量を表すのではなく、日々変動する資本ストックについての評価額の総計額を表している。

（10）この量はK^{*}から計算される値である。

（11）このような議論は宇沢弘文教授の社会資本の問題として議論されてきた。

(12) この関係は、技術進歩による残余への分配分と同様に考えることができる。

(13) 新古典派経済学の成長理論については、著者は決して実際的説明として十分であるとは考えてはいない。しかし、数量分析において一定の方向性を説明するものであると考えている。

(14) 当時の経済学者の常識においては、想像もできないような別の意思によって、それほどに大きく変化させられたのかもしれないのである。

(15) 同時に、「学業の成否には、特にひとクラスあたりの生徒数が重要であることを強調」しても、教育内容によっては、少人数教室の方が高い教育効果を期待できる場合もあるが、大人数教育の方が高い教育効果を期待できる場合もある。

(16) マクロ経済学の系譜について新たな近代経済学説史構築の必要性である。

(17) 大数法則としての需要関数や今日のビッグデータ的分析についての理論的分析方法の欠如である。

第10章
社会資本形成と日本経済

平成23年3月11日の地震・津波・原発事故を経験した日本人が決めるべき日本の将来は、大きく変化した。経済政策の主要な目的は、「地球のためにやさしい環境造り」ではなく、「人間のための絆社会の再構築」であり、「持続的で安全な社会・経済」を構築するための「枯渇性資源の節約」と「自然資源のリサイクル化の促進」である。

1　社会的費用を市場化することに失敗した日本経済

国内企業の地域分散を妨げている要因は国内の流通費用（物流費用）が高いことである。国土交通省内における道路行政と港湾行政・空港行政、そして鉄道行政に関する戦後の省庁間の縦割り行政の弊害のために、ほかの輸送手段との補完性がないという意味で「整合性のない」不便な高速道路や港湾施設、空港を建設してきたのである(1)。

かつての運輸省道路課は空港や港湾施設の利用客にとっては不便な高速道路網を高額の費用を投資して建設し続けてきたのである。同様に運輸省空港課は、独自の予算によって高額な費用をかけた着陸料金の高い国際競争力のない国際空港(2)を建設し続けてきたのである。そして、運輸省港湾課は、パナマ運河を通行可能な船舶を標準とした港湾開発を基準としてきたために、水深マイナス15メートル以上のオーバー・パナマックスやポスト・パナマックス(3)に対応できないような港湾建設だけを行ってきた。そのために、大型コンテナ船が入港して各企業がコンテナを受け取るのに数日から数週間かかるという、世界一時間と費用の掛かる国際港湾施設を建設し続けて、日本の港湾流通行政の遅れ（諸外国の港湾では数時間内に荷を受け取ることができる）を生み出してきたのである。

これらの間違いだらけの社会資本形成が国内企業にとって非効率的な生産基盤の社会資本が建設されてきたために、日本は非効率的な経済構造となって、企業の海外進出によって、企業の海外生産量が増加することによって、国内生産量と雇用量が減少して、産業の空洞化が生じてきたのである。

このような省庁間の縦割り行政によるバラバラの政策が行われてきたことによって、次のような問題が今日の日本経済に生じているのである。

（1）建設費用が割高なために着陸料金が高い国際空港の問題が発生した。
（2）港湾・空港と高速道路との相互間のアクセスが不便である。
（3）流通コストが高いために、国内の製造業の多くが海外に移転するという産業の空洞化がもたらされた（4）。
（4）高い高速道路料金問題は、不便なインフラストラクチュアの象徴である。

これらの諸問題を解決しないままで、橋本政権以来、「財政改革」に専念して、経済活動にとって大事な社会資本の建設を進めず、社会資本のボトルネック状態を放置してきたことが、日本の産業空洞化の最も大きな原因なのである。

2　TPPと社会的共通資本

宇沢弘文教授は、TPP参加に強力に反対していた。その理由は、TPPがそれぞれの国の社会的共通資本を破壊し、それぞれの国の固有の文化と自然を破壊すると考えたからである。

宇沢弘文教授は、新古典派経済学への批判を込めて、社会的共通資本（Social Common Capital）を「一つの国ないし特定の地域に住むすべての人々が、ゆたかな経済生活を営み、すぐれた文化を展開し、人間的に魅力ある社会を持続的、安定的に維持することを可能にするような社会的装置を意味する。」（宇沢弘文著、『社会的共通資本』、岩波書店、2000年11月）として定義した。

この社会的共通資本の定義は、「社会資本」を超えた意味合いを持つものであり、「自然環境」と「社会的インフラストラクチャー」、「制度資本」の3つに分けて、より具体的形態としては次の3つの類型に区分される。

（1）自然環境：山、森林、川、湖沼、湿地帯、海洋、水、土壌、大気

（2）社会的インフラストラクチャー：道路、橋、鉄道、上・下水道、電力・ガス

（3）制度資本：教育、医療、金融、司法、文化

この分類は必ずしも網羅的ではなく排他的でもない。あくまで社会的共通資本の意味を明

確にするための類型化であると説明されている。

宇沢弘文教授は、「これらのものは、国家的に管理されたり、利潤追求の対象として市場に委ねられたりしてはならず、それぞれの社会的共通資本にかかわる職業的専門化集団により、専門的知見と職業的倫理観にもとづき管理、運営されなければならない」と説明している。

2・1　経済社会と社会資本

社会的共通資本には、企業・産業の生産活動に貢献する産業基盤資本と、企業の経済活動のみならず家計の経済活動に貢献する社会基盤資本と家計・国民の日常生活に大きく貢献する生活基盤資本がある。

この節では、宇沢の定義に従って総体としての社会資本の使用量をK_Sとして定義する。いま、国民所得をY、マクロ生産関数をF、雇用量をN、民間資本ストックをK_Pとすると、経済全体の生産活動に関する国民所得Yと各生産要素（N、K_P、K_S）との関係は、次の（7・1）式のマクロ生産関数のように定義される。

$$Y = F(N,\ K_P\ ;\ K_S) \qquad (7・1)$$

$$F_N(N,\ K_P\ ;\ K_S) > 0,\ F_{KP}(N,\ K_P\ ;\ K_S) > 0,\ F_{KS}(N,\ K_P\ ;\ K_S) > 0$$

図10―1　社会資本と経済均衡

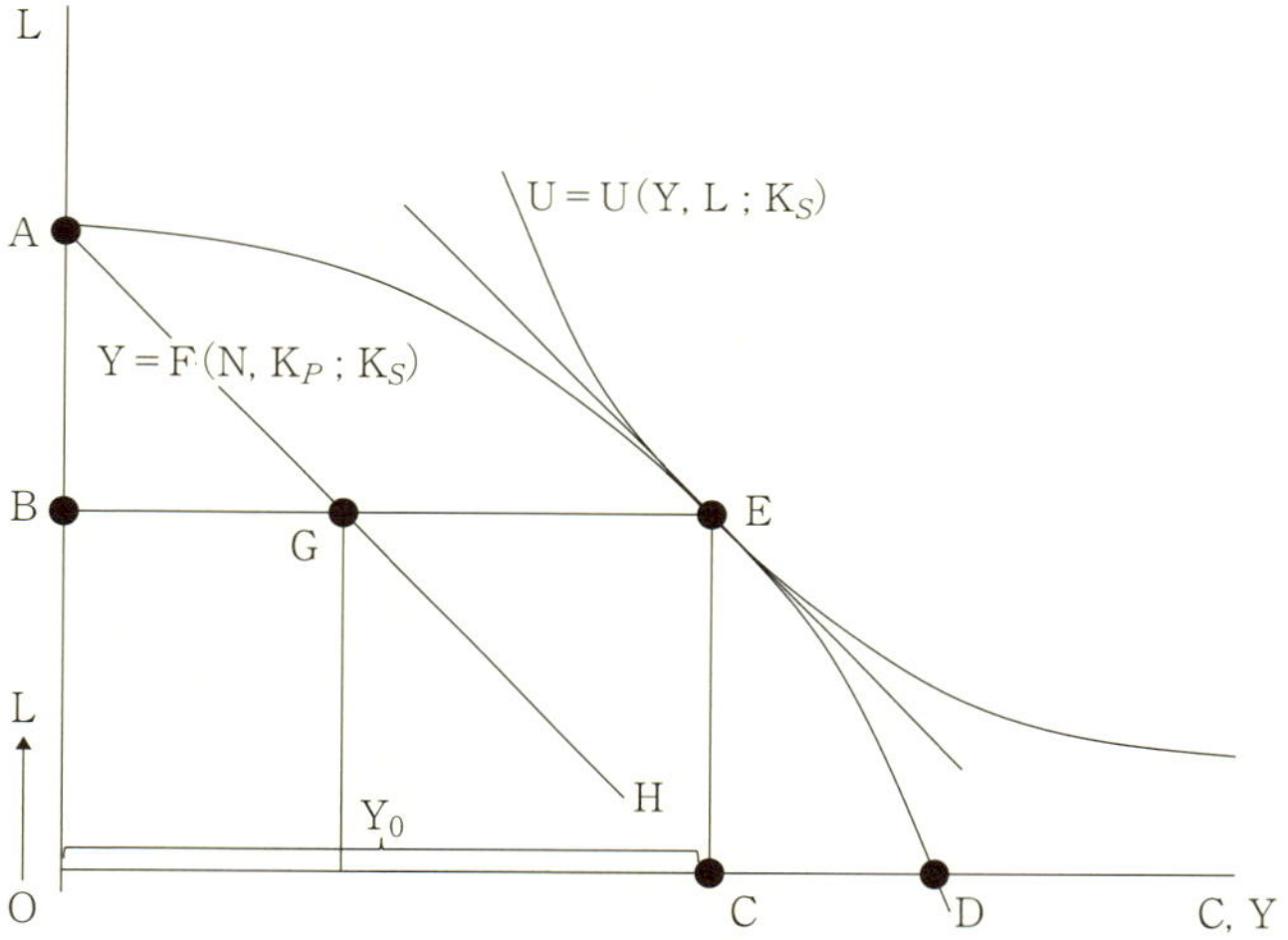

ここで、生産関数Fの添え字は変微分の値を表しており、労働N、資本K_P、社会的共通資本K_Sの限界生産性が正であることを表している。

この生産可能性曲線は、図10―1のAED線として表される。

次に、社会的効用関数をU、家計の余暇時間Lとすると、経済全体の効用水準は国民所得Yと余暇時間Lと社会資本K_Sの増加関数として、次の（7・2）式のように表される。

$$U=U（Y, L; K_S）\quad（7・2）$$

ここで、効用関数Uの添え字は変微分の値を表しており、国民所得Y、余暇時間L、社会的共通資本K_Sの限界効用が正であることを表している。

この社会的効用関数は、図10―1の無差別曲線Uとして表される。

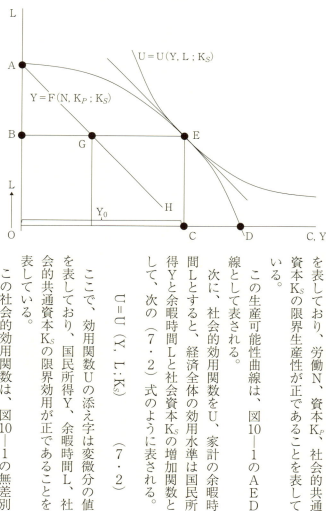

ここで、労働時間の制約条件をＴ（一日24時間）とおくと、余暇時間Ｌと労働時間Ｎに区別されることから、次の（７・３）式のように表される。

$$L+N=T \qquad (7\cdot 3)$$

この労働時間制約条件は図10—１の縦軸のＯＡの幅で表されている。この経済の一般均衡点Ｅは（７・１）式の社会的生産可能性曲線と（７・２）式の社会的無差別曲線が接する点である(5)。点Ｅでの接線の傾きは労働の限界生産性＝実質賃金率を表している。

すなわち、ＡＢの幅が労働時間であり、ＢＧが労働者の所得の大きさを、ＧＥが資本家の所得の大きさを、ＢＥ＝ＯＣの幅が経済全体の所得の大きさを表している。ここで、社会資本の生産への貢献分は残余として計算されるという意味で資本所得に含まれていると考えることができる。

２・２　社会資本の形成

社会資本の形成による経済全体の生産力への外部経済効果によって、図10—２において、AE_0D_0曲線からAE_1D_1曲線への右外側へのシフトとして説明される。経済均衡点は点E_0から点E_1へと移動する。

労働生産性の上昇の効果は、労働時間は、OB_0からOB_1へ減少させ、余暇時間をOB_0からOB_1へ増加させ、所得をOC_0からOC_1へ増加させるために、効用水準はU_0からU_1へ上昇す

図10—2　社会資本の形成

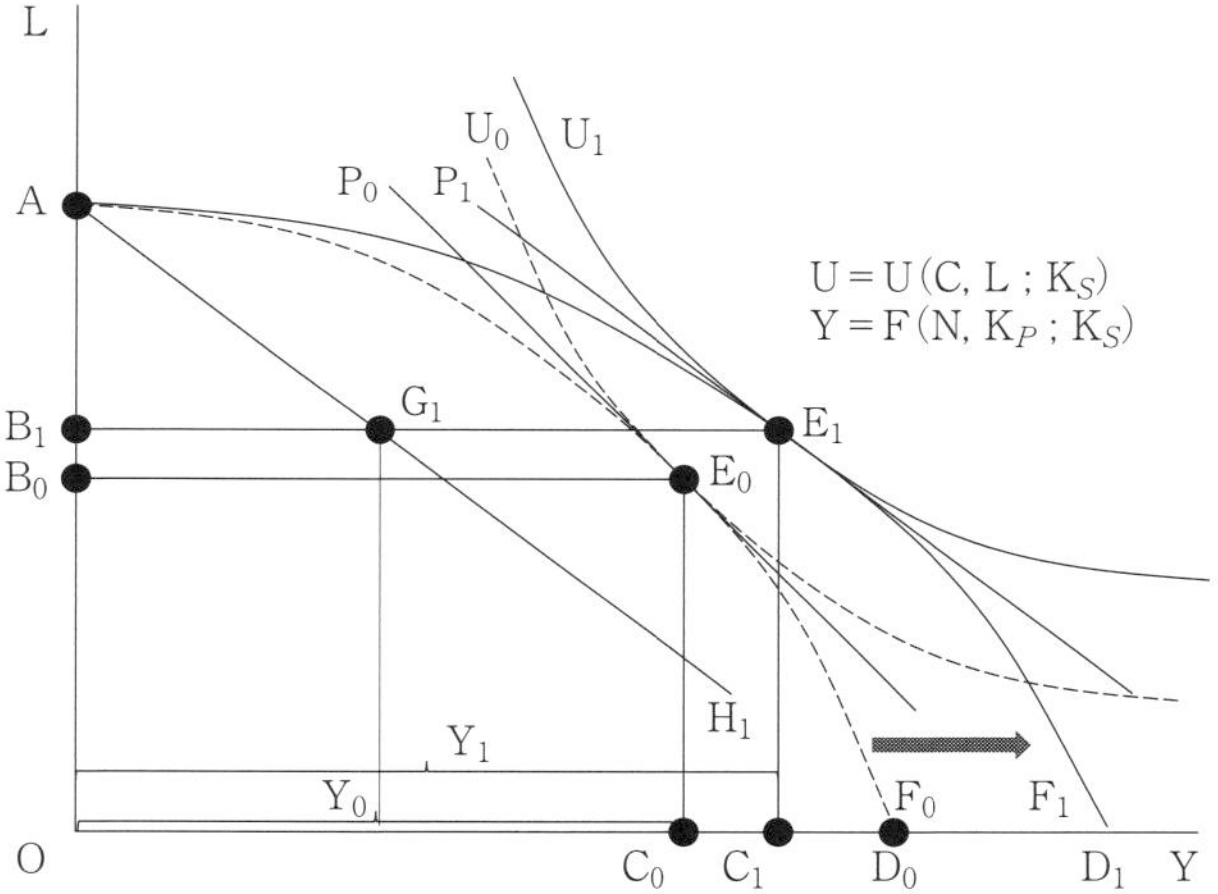

る。このとき、労働の生産性は$\frac{OC_0}{AB_0}$から$\frac{OC_1}{AB_1}$へ上昇している。

社会資本の形成の効果としての社会的効用水準の上昇については、「他の条件にして等しい限り」は、所得と余暇時間の増加による効用水準の上昇を表していると理解できる。しかし、「他の条件」の中には、生活関連の社会資本の質と量の問題とその変化についての問題が隠されているのである。

インフラストラクチャー（道路、橋、鉄道、上・下水道、電力・ガス）などの生産基盤としの社会的共通資本の充実が、制度資本（教育、医療、金融、司法、文化）などの生活基盤としての社会資本の停滞をもたらす場合、あるいは、自然環境（山、森林、川、湖沼、湿地帯、海洋、水、土壌、大気）などの社会資本の破壊をもたらす場合には、社会的効用水準が上昇し

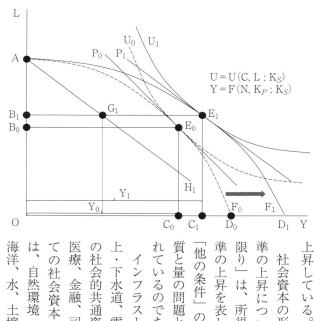

ているとは限らないことが説明されるのである。

2・3　社会資本と共同体の文化構造

「日本の電力（発電並びに送電）は、もともとは在地ブルジョアジーたちが電力会社を興すかたちで発生したものである。その動機としては（農業用水のための）水の汲み上げであった。…明治20年代に入ると、鉱山や紡績工場などの場所で発電をし、電気エネルギーを利用することがおこなわれるようになるが…地域のために電力会社を設立したのであり、そうやって金持ちとしての役割を果たしていった。その後この地域電力は合併を繰り返しながらより広い地域をカバーする電力会社となっていく。それらは戦時中に日本電力として強制的に統合され、戦後にGHQの手で沖縄を含めれば10電力に分割された。それがいまの電力会社である。」（内山節著、『増補共同体の基礎理論』、pp.201–202、内山節著作集15、農文協、2015年）

在地ブルジョアジーたちが鉱山開発や紡績工場設立を行った動機は、発電所の場合と同様に、一部は自己の利益のためではあるだろうが、また、同時に地域のためでもあった。人々は「富と名声」を求めてソーシャル・ビジネスを起業するのである。

内山節氏は、ソーシャル・ビジネスについて以下のように説明する。「今日の電力会社は原発問題にもみられるように放漫な国策会社に過ぎないが、日本の電力会社の出発点は地域電力として形成された。いわば、ソーシャル・ビジネスにあったといってもよい。地域のた

めに私財をなげうってそれは設立されたのである。」（前掲書、p.202）

「倫理的な考え方が定着するためには、倫理観を共有する社会がなければならない。さらにのべれば、それは人々の考え方であるというより、結び合う社会＝共同体の考え方として、その社会のシステムとして一体化していなければならないのである。それを実現していたのがかつての共同体であった。」（前掲書、p.202）

3 絆の構築と物流新幹線

日本の国鉄分割民営化の経験は、日本社会の社会共通資本軽視が日本社会にもたらした失敗の歴史を物語っている。

国鉄分割民営化の目的はJR大手3社（JR東旅客株式会社、JR東海旅客株式会社、JR西旅客株式会社）の経営黒字化であった。同時に、見捨てられた4社（JR北海道旅客株式会社、JR四国旅客株式会社、JR九州旅客株式会社、JR貨物株式会社）の経営問題は今なお国鉄分割民営化の残砕として残っているのである。

新幹線は、本来、長距離旅客輸送と長距離貨物輸送を中心に考えられていたのである。しかし、建設費用が嵩んでいたためにとりあえず物流の側面を断念し、旅客輸送だけでスタートすることになったのである。その後、国鉄分割になったためにこのような計画は「沙汰止み」となったのである(6)。もし、国鉄分割がなかったならば、あるいは、郵政民営化のように業態別の水平分割であったならば、新幹線物流の実現によって日本経済の物流は省エネ体質となっており、国内の物流コストは今日の状態よりも低い水準で推移していたであろう。国鉄分割民営化は分割された企業が支配するそれぞれの地域間の「絆」の破壊であり、地方都市と東京との「絆」の破壊であったのである。

ここで鉄道旅客と鉄道貨物輸送を両立させて新幹線物流構想を実現させるためには次のような政策が必要である。JR各社を上下分離して、ハードは国有とし、鉄道を経営するソフトは民営化（JR）のままとする(7)。国富としてのハードの使用料の負担は必要である。そして、全国新幹線網を在来線と競合しないように再構築するべきなのである。

新幹線ルートを保有するJR各社は、収益性の高い新幹線の路線にだけ投資を行い、在来線への改善努力は収益性の高いところを優先して、収益性の低いところは怠ってきたのである。長距離旅客輸送無視と同時に赤字ローカル線軽視の経営なのである。

4　過去の国有企業民営化の問題点

国鉄・電信電話・郵便は、かつての鉄道省や逓信省であり、情報と輸送にとって重要な社会的共通資本であり、防衛省や外務省と同様に日本にとって国民生活の安定と経済成長・防衛の要であった。当時のそれぞれの組織の赤字は、国益という観点から社会的費用として理解されるべきであり、総合的な解決策を策定して努力するべきであったのである。残る債務は経済成長・経済発展の成果によって返済するべきであったのである。

国有企業の民営化とは、一部の裕福な民間人、あるいは海外の人々が株主となって奪い取られてはいけない日本国民全体の財産である。市場機能が有効に機能することによって、国民の安全が実現されると説明する一部の偏った経済学者の妄想による虚構の政策を実現するという目的のためになされた改革であった。それは日本の国民の財産を外国人も含む特定の利権集団に売り渡すことであり、近代国家としての「租税国家の自殺」(8)であったのである。

4・1 国鉄の赤字は返済可能であった

例えば、昭和62(1987)年4月1日の中曽根内閣による国鉄分割民営化とは、37兆1千億円の累積債務を抱えた日本国有鉄道を日本国有鉄道清算事業団(1998年10月22日解散)に移行(1987年4月1日にJRグループに移行)しただけである(9)。民営化3年前の1984年度には、国鉄の会計状況はすでに黒字転換していたが、しかしその黒字額は、利息返済には不足していた。このとき、累積赤字を返済する方法はほかにもあった。資産は国有のまま、経営を民間に委託する方法である。あるいは、当時すでに構想されていた「物流新幹線構想」の実現があれば可能であったのである。

国鉄汐留駅の跡地は、1988年3月時点で実勢価格は30兆円を下らないとされていた用地売却価格は、なぜか14兆7、300億円といわれ、しかも半額の7兆7、000億円で売る見積もりを立てていた(10)。当時、国鉄の問題となっていた借金返済は可能であったのである。すなわち、分割民営化の必要はなかったのである(11)。

4・2 国鉄分割民営化

国鉄分割民営化によって、日本国有鉄道（国鉄）は、北海道旅客鉄道株式会社（JR北海道）、東日本旅客鉄道株式会社（JR東）、東海旅客鉄道株式会社（JR東海）、西日本旅客鉄道株式会社（JR西日本）、四国旅客鉄道株式会社（JR四国）および九州旅客鉄道株式会社（JR九州）の6社に分割・民営化された。日本貨物鉄道株式会社（JR貨物）には、線路を持たないヤドカリのような企業体に陥れられて、日本全国の効率的な鉄道輸送網の可能性は絶たれたのである。このような国鉄分割民営化によって、国民が長年築きあげてきた財産は詐取されたのである(12)(13)。

この国鉄民営化によって、全国的な鉄道網のサービスの質は低下し、地域間格差は拡大したのである(14)。社会的には低費用の物流システムであったJR貨物は線路を持たない私的企業としては、非効率的な会社として分社化されたために、ライバルを失ったトラック輸送の物流費用上昇を導いたのである。このことから国鉄民営化は、高速道路を作るために、自動車会社を育成するために、トラック運送を進展させるために、行われたと考えることもできるかもしれないのである。

4・3　国鉄民営化は国の利益を無視した議論であった

国鉄の赤字は「昭和60年度末には実に23兆6千億円」であった。

国鉄再建監理委員会（以下、監理委員会）は、昭和60年7月26日に「国鉄改革に関する意見」を内閣総理大臣に提出した。答申は「第1章　国鉄改革についての基本認識」の中で「I　国鉄改革はなぜ今必要か」、「1　国鉄経営は危機的状況にある」として次のように述べている。

「最近の状況を見ると、昭和六〇年度予算における実質的な赤字額は単年度で二兆三千億円という膨大な額に上る見込みであり、これは毎日六三億円近くの赤字が増加していく勘定となっている。さらに、借金の残高も昭和六〇年度末には実に二三兆六千億円もの巨額に達すると見込まれ、民間会社なら既に破産した状態となっている。また、昭和六〇年度予算では、二兆五千億円という巨額の借金をしても、過去の借金の返済に一兆円、さらに利子の支払に一兆三千億円と元利合計が二兆三千億円にも及び、まさにサラ金地獄に陥っている。」

この23兆6，000億円は、国鉄の財産より多いのであろうか。少ないのだろうか(15)。

しかも、汐留駅跡地の処分については、「その地域の地価の異常な高騰が沈静化するまでこれを見合わせる」という閣議決定がなされたのである。すなわち、土地供給が増えれば土地価格が下がり、バブルの鎮静化にも使えるはずであるのに実現しなかったのである。その時期を故意に外して、国鉄の赤字を見捨てて、土地価格が低下した後に企業に安く払い下げるという政策介入が中曽根政権によって行われたのである。バブル崩壊によって土地の時価総額が減少し、土地が塩漬けにされている期間に利息がかさんで国鉄の債務総額は増えた。国鉄の赤字をなくすためには絶好のチャンスであった、土地価格高騰時期に汐留の用地売却を阻止して、地価が下落した後で売却するということは、政治的な誤りであり、あえて赤字の返済可能性をなくしたと考えることができるのである。これは、土地を購入する企業の立場に立った政治介入であり、本来の目的が国鉄財産の切り売りによる民間企業への利益供与であったということができるのである。

平成10（1998）年10月22日に清算事業団は解散した。当初割り当てられた借金が2兆8、000億円の増加であり、28兆3、000億円の借金が残ったのである。このうちの16兆1、000億円の有利子債務は国の一般会計に承継された。すなわち、国の借金となったのである。

この結果、国鉄汐留駅跡地の再開発は、「安価に土地を入手した企業だけが得をした」のである。借金返済は独立行政法人・鉄道建設・運輸施設整備支援機構の「国鉄清算事業本部」が清算事業団を承継した。

【注】

（1）今日、運輸省と建設省は国土交通省として1つの省になったにもかかわらず、同様な縦割り行政の状態が改善されていないのである。
（2）航空機の着陸料金が世界一高いといわれているのは成田空港や関西国際空港の建設費用が割高であるからである。
（3）パナマ運河を超えて太平洋から大西洋に抜けるためには、あるいはその逆のコースを通るためには、パナマックスと呼ばれるパナマ運河を通航可能なサイズ（幅32m以内、長さ250m以内）の船舶が必要であった。
（4）国内の製造業の多くが海外に移転していった原因は、国内労働者の賃金水準が高いからではなく、このような割高な流通費用の問題とアクセスの不便さが原因であり、建設省と運輸省の縦割り行政の結果なのである。
（5）図10―1の点Eによって表される。（7・3）式であらわされる資源制約条件を満たすという意味である。
（6）国鉄工作局車両設計事務所、「車両の今後のあり方」（3-8新幹線車両）、pp.41-48、昭和45年7月。
（7）JR各社の分割方法については、再考を要す。
（8）シュムペーター著「租税国家の危機」岩波文庫白147-4。
（9）巨額の借金を国民への将来の債務としたままで、1998年10月22日に清算事業団は解散した。
（10）「その地域の地価の異常な高騰が沈静化するまでこれを見合わせる」と閣議決定・政治的な逆介入で、売却は進めなかった。一般的には供給が増えれば価格は下がるはず。企業に安く払い下げるための政策介入が行われたのである。バブル崩壊によって土地の時価総額が減少し、土地が塩漬けにされている期間に利息がかさんで国鉄の債務総額は増えた。2兆8、000億円増の28兆3、000億円の借金となった。16兆1、000億円の有利子債務は国の一般会計に承継、つまり国の借金となり、国鉄汐留駅跡地の再開発は、「安価に土地を入手した企業だけが得をした」。そして、借金返済は独立行政法人・鉄道建設・運輸施設整備支援機構の「国鉄清算事業本部」が清算事業団を承継した。
（11）日本電信電話公社は、1985年4月1日解散（日本電信電話（NTTグループ）に移行）した。また、日本専売公社は、1985年4月1日解散（機能は日本たばこ産業（JT）に移行）した。

(12) 累積債務の37兆1千億円のほとんどは国鉄汐留跡地の再開発を国鉄（あるいは国）が実施することによって回収可能だったのである。

(13) 国鉄清算事業団の返済は25兆5、000億円の予定であったが進まなかった。

(14) 地方の赤字路線の経営は地方経済に委ねられ、地方経済の負担が強いられることになったのである。日本経済における格差の拡大はこのときに始まったのである。

(15) 国鉄の年金問題を解決するために、国鉄は犠牲になった。とする説もある。

エピローグ

今、私の頭の中には、常に井本勝幸という男がいる。２０１１年1月に、ミャンマー和平支援のため少数民族地域に単身で飛び込み、ミャンマーの軍事政権と対立してゲリラ化した11の山岳部族を、五年かけた話し合いの結果まとめ上げて、主要11少数民族勢力でつくる「統一民族連邦評議会（ＵＮＦＣ）」の同年創設と発展に貢献し、軍事政権と対等に交渉できる組織に仕立て上げ、ミャンマー政府と少数民族勢力間の和平実現に奔走した井本勝幸氏である。彼はミャンマーの人達には「帰ってきたゼロファイター」と呼ばれているらしい。旧日本海軍の零戦パイロットという意味である(1)。

ミャンマーの山岳部族の人達は、この井本勝幸氏をビルマ戦線でイギリス軍を駆逐した日本兵の再来として受け入れたのであろうか。

援蒋ルートを封鎖し、インドをイギリスから解放しようとして、インパール作戦をわずかな武器と物質だけで戦ったために、激戦の後、敗北した日本兵達はこのミャンマーの山岳部族達が生活する一帯の撤退戦を戦ったのである。装備が充実したイギリス軍と、アメリカ軍人が指導する中国国民党軍に対して劣勢の状態で戦いながらの逃避行であったのである。

弾薬が枯渇して、食糧さえもない状態での戦争では、戦死者よりも病死者や餓死者の方が多かったそうである。この地帯に残っている御柱は7万5千柱といわれている。そのうちの

2万人以上が久留米の龍（第56師団）と菊（第18師団）の部隊である。

今は「白骨街道」と呼ばれているこの地域の山岳民族の人達が、反政府軍のゲリラたちであった。ゲリラといっても自分たちの部族に対する政府軍の攻撃から、部族の人々を守るための自衛の戦いを目的とした武装集団である(2)。


弾薬が尽き、食糧が尽きた逃避行の中でも、旧日本兵達はミャンマーの山岳部族の人達から食べるものを恵んでもらうことはあっても盗むことはなかった。

それゆえに山岳部族に平和をもたらすために現れた日本人井本勝幸氏を目の当たりにしたミャンマーの山岳部族の人達は、彼を「帰ってきた日本兵」として受け入れたのである。

ある村の老婆が、「食べて下さい。私の父親はインド解放軍の兵隊でした。日本人の上官から、お前は軍服を脱いでここの住民になれと言われて、武器を捨ててこの村に住んで私が生まれました。父親は常に、『やがて日本軍が帰って来る。その時は家で最も大事な物を出してあげなさい』と言っていました。今、私の家ではこの卵が最も大事な食糧ですから、食べて下さい」と言って、大事な数個の卵を井本氏の手に渡したそうである。

統一戦線が完成した後のある時、井本勝幸氏はミャンマー軍事政権の大臣に招待された。「停戦について話し合いたい」という申し入れである。ゲリラの代表達が「殺されるから行かない方が良い」という意見が多い中で、井本氏は「行ってみないとわからないだろう」と、ボディーガードを願い出た2人のミャンマー人と、ミャンマー政府の指定する場所に出掛けた。

ボディーガード役の2人は控えの間に待たされて、1人で大臣と会うことになった。卓上にコーヒーが出されたが、喉が渇いていたけれども我慢して飲まなかった。すると向かい側に座っている大臣がミルクと砂糖をカップに入れたので、思わず、「そのコーヒーをくれ」と言うと、大臣は怪訝そうに「そのカップには毒でも入っているとでも思っているのか」と言ったそうである。井本氏は「そう思っている」と答えた。大臣は笑ってコーヒー入りのカップを交換してくれたそうである。


来年から、厚生労働省による遺骨収集活動が開始される。井本勝幸氏と山岳部族の人達が探し出した埋葬箇所がすでに149箇所であるという。白骨街道の遺骨を山岳部族の人達は集めて埋葬してくださっているのである。

彼らは平和をもたらしてくれた井本勝幸氏へのお礼として遺骨の埋葬地を探し、収集活動を行うことを申し込んでいるそうである。

久留米大学の講義の1つに「久留米学」という郷土学がある。毎年1回、陸上自衛隊の幹部候補生学校の戦史教官に依頼して「ビルマ戦線とインパール作戦」についての講義をお願いしている。久留米の住民たちにとっては父や御爺さん達の歴史の話である。学生にとっては戦術と戦力との相違、物流の重要性についての講義でもある。

私の頭の中には、井本勝幸氏のおかげで無駄死にではなかった日本兵達7万5千人の心の叫びが日々聞こえているのである。
このような井本勝幸氏の生きざまを深く知るにつれて、戦後、物流を疎かにしてきた日本政府の政策の在り方についての疑問が鮮明となり、最近の「地方創生」という言葉が虚しく聞こえる理由が、これなのかもしれないと思っている次第である。

平成28年4月15日

大矢野栄次

【注】

（1）私にとっては、小学生の頃、漫画やテレビを見て憧れていたマレーの虎「怪傑ハリマオ」の突然の登場である。

（2）専守防衛の意味を理解していただきたい。

《著者紹介》

大矢野栄次（おおやの・えいじ）

経　歴

1950年　愛媛県生まれ。

1974年　中央大学経済学部卒業。

1982年　東京大学大学院経済学研究科博士課程単位取得退学。

1982年　佐賀大学経済学部講師，助教授を経て，

1994年　久留米大学経済学部教授，現在に至る。博士（経済学）

［主要著書］

『経済政策の考え方』（単著）中央経済社，2004年。

『貿易資本と自由貿易』（単著）同文舘出版，2008年。

『マニフェストから学ぶ経済学』（単著）創成社，2010年。

『消費税10％上げてはいけない！』（単著）創成社，2011年。

『東日本大震災からの復興戦略』（単著）創成社，2012年。

『日本経済再生のための戦略』（単著）創成社，2013年。

（検印省略）

2016年 6 月10日　初版発行　　略称―アベノミクス

アベノミクスと地方創生

―日本経済のターニング・ポイント―

著　者　大矢野栄次

発行者　塚 田 尚 寛

発行所　東京都文京区 春日 2-13-1　**株式会社　創 成 社**

電　話　03（3868）3867　　F A X　03（5802）6802

出版部　03（3868）3857　　F A X　03（5802）6801

http://www.books-sosei.com　振　替　00150-9-191261

定価はカバーに表示してあります。

ISBN978-4-7944-3169-1 C3036

Printed in Japan

組版：亜細亜印刷　　印刷：亜細亜印刷

製本：宮製本所

落丁・乱丁本はお取り替えいたします。